U0152804

回家吧!
我的靈魂

時間會給我們最好的答案

推薦序一

心的道途

　　東方金剛經：「三界唯心」、西方高靈賽斯：「信念創造實像」皆意指：「每個人遇到的人、事、物以及身處環境，都是我們內在心念投射建構的」。可見調整心念，轉化頻率，是自我修行的第一步，也是唯一的究竟之道。

　　當我們帶著正念、善意看待生命歷程時，就可以體會「念轉境變」的神奇：所有困頓都轉化為揚升的階梯。良善的頻率在量子多維空間中，由意念擴展至個體、家庭、社會、世界，達到「心中好風水，處處風水好」的目標。

　　「Thtp科學觀靈術－心靈風水」是我研創二十餘年的新世代科學技法。過去需要繁多宗教儀式才能進行的：訪地府、遊天界、連結指導靈、探訪逝去親人也都可以輕易實踐。神奇又神秘的道家「觀落陰」已經轉化為沒有宗教隔閡、不須侷限體質，人人可以學會，用以「自助助人、助人助己」的高效法門。

　　心靈風水執行師不需藉由符咒，既可順利引導案主進入元辰宮內，探索潛意識意象，解析、瞭解自己的身心靈狀態，還可與潛意識進行雙向溝通，建立共同的目標與信念，以完善智慧、提升自我。心靈風水執行師還具備「代觀」案主元辰宮的能力，協助案主達成「內求不外求」的目標。

　　本書是叔津的第一本著作，也是「心靈風水講師」結業代表作。書中敘述著一個認真獨立女性的成長心路及自我成長探索之路，以及應用所學「Thtp科學觀靈術－元辰宮」技術理論自助助人的紀錄，是生活的智慧、生命歷練的結晶，更鼓舞著女性活出自在提升自性。相信未來她必定能將這項技術傳授給更多需要的人們。

　　謹以本文推薦與祝福

釩學院／廖云釩

2023-05-17

推薦序二

堅忍不拔的叔津

　　認識叔津是在約40年前的一個小鞋廠裡，第一次見到這小女孩，覺得這位從高雄上來到桃園打拼的女孩，好親切，我們倆年齡相近就像親姐妹一樣，叔津人很溫暖，說話聲音柔柔嗲聲嗲聲的，凡事都是正面看待事情、更有著比同齡女孩成熟的韻味，就感覺她比一般女孩還要勤勞還要堅韌，她雖然是家裡面唯一的女生，在她身上卻看不見被寵溺的氣息，反而多了一份成熟懂事，說話時常伴隨著開心的笑聲。雖是同性但她的人格特性，卻很吸引我，我們的友誼長達40多年以來都互相關懷、互相鼓勵支持著對方。看到叔津她的經歷成長不斷打碎自己又撿起破碎的自己，她所做的一切努力像是在地下生長，別人看不見，甚至她自己也都沒看見自己，也因此常受到委屈，回首她過去一路崎嶇，有時想到過去的她總是如此小心翼翼的保護家人又懂事，長期都在與錢奮鬥，從未為自己想過，我內心盡是心疼與不捨，看不到叔津有被疼惜的畫面，她就像台灣傳統女性一樣有堅忍不拔的韌性。

　　持續著與叔津似姊妹般的情誼，我們曾經十多年各自為生活奔波而斷了聯繫，但，這位姊妹總是放在我內心裡一個重要的位置上。一通電話又開啟我們的友誼，雖久未聯繫，澆不熄我們的友誼，再次見面已是人事已非，叔津成為單親媽媽，獨自撫養二個女兒，並將二個女兒栽培的很優秀，此時的叔津已有一塊屬於自己的事業版圖，她的努力成長我都看在眼裡，她充滿自信與女性特有的堅毅，在我心中，她是一位女強人，是值得學習的對象，我以能擁有這位姊妹感到榮幸，她總是朝著自己的目標前進，且都能達成自己的預期。當叔津邀請我寫推薦序文時，我開心的告訴她，真是我的榮幸，妳常常對我嚷嚷的說要在這一生寫一本屬於自己成長的書，我說妳啊……真的實現了，真不簡單，太恭喜妳了。她又突破了，《回家吧！我的靈魂》一書是叔津的第一本書，書裡的每一個章節都在描述現在社會女性所受的無奈、無助與所有的盲點，書裡的每個章節內容也呈現鼓勵每位女性要如何成為更好的自己、愛自己，是值得推薦的一本書。是一本叔津用她的成長過程所看到身旁女性朋友們的身影與自己的鏡子所整理出來的一本書，真的值得推薦的書。

　　從叔津的言談、舉止，總會發現每個階段的她，都有不同的新知，值得學習，她總是不斷的精進，讓身為摯友的我，總能吸取自己未知的領域，目前她已成為一位身心靈工作者，更讓我大開眼界，原來這位姊妹般情誼的好友，有著挖掘不完的寶藏，她是我此生連繫最久、友情最深，值得一輩子深交的好姊妹。

洪明珠
2023-05-31

自序

自己是獨一無二的名片

以為年齡16歲跳為20歲就是長大成人，55歲的這一天，發現自己除了年齡增長，其它一無所獲。每天迷茫而不知所措，只想要努力，卻只是停留在忙碌上與金錢打混，我羨慕別人活得豐富多彩，優雅從容，卻沒有看見自己也正在揮汗如雨，疲憊不堪。我害怕孤獨，畏首畏尾不敢進入熱鬧的人群裡，總覺得自己在聚光燈下是個小丑，難過到沒有語言、沒有情緒，只能靜靜發呆，這樣無奈的心情，鼻子一酸眼淚就會自然流下來，那麼一瞬間，整個心就會崩潰地對生活失去信心，常絕望看不到未來和希望，讓我有那種笑不由心，哭都哭不出來的感受。但回頭發現，其實一個人也是一樣在成長。

我的自卑敏感和自恃高傲，一直在虛構自己，戴著高度眼鏡在看待周邊的人事物，想釋懷卻又被自卑的枷鎖死死扭住自己。年輕不應該是人們至今所體驗的那種笨拙而卑微的年少，而應該是充滿野心，值得勇敢前進邁向突破才是。

我年輕時，看似單薄又有力，卑微而又閃亮，看似矛盾其實張力十足，有時笨拙像是海龜，一碰就縮，卻

又堅不可摧,進入海潮裡,被無情的淹沒,被推擠著向前進,局促又不安,怯懦又恐懼,但依舊閃閃發亮,依舊來日可期。我想很奇怪,自己本來難以啟齒的過往,卻願意將它寫出和你們一起剖析,在我的文字裡寫的是我的過往經驗卻又那麼的像你,你可以慢慢的來品嚐與解惑。

這本書記錄了我成長路上經驗的所有傷與痛、苦與樂。它會告訴你,每一個人都是平凡而普通的,都有迷茫、無助、卑微的時刻,被冷落、孤獨,拼命想要努力的苦澀,不堪回首的過去,總有一天你可以笑著說出口,說出沒有什麼過不去的坎,也沒有什麼能夠阻擋自己遇見更好的自己。我們一起來找回屬於自己的靈魂吧!

自己是萬能的流程、萬能的工具、萬能的標準,是質量的核心,是刪除內耗的核心。自己是行動的指南,思想有多遠,我們就能走多遠,自己突破了內耗,人生就能帶給我們更順暢的心靈路程。

一個內心強大的人,才是真正有思想的人,內心強大,表明對自己,對這個世界、社會、人生會有完整的看法。這樣的人,即使身處世俗世界裡所謂的逆境,他的內心也是平和的、自信的,且是充滿快樂的,因為他的內心不再會有世俗的世界,而是獨特的、完美的內心世界,享受幸福與快樂。

　　《回家吧！我的靈魂》一書是呈現在生命裡的綻放，是結緣、是專注自己，書的每一位個案所經歷的過程，都是人性在感悟生命、認知生命的脆弱與堅強、短暫與永恆，洞察人性，用正能量滋養心靈，回歸自己的靈魂。

　　內修於心，需要內心澄澈透明擁抱自己，追尋自己的夢想，讓自己打開心扉，尋找到內心的夢想並透徹了解自己內在小孩的存在，並以接受來感受幸福，創造自己真正的幸福。

　　思想、正念、通透決定一個人，讓自己學會認知、覺知自己是獨一無二的名片。

　　別走丟了，我正在等著你一起回家&回家吧！我的靈魂。

註：《回家吧！我的靈魂》一書的內容大部份都是我從認識「釩學院」裡學到如何正向看到自己、覺知自己之後所下筆的，也想讓看著這本書的你們知道「釩學院」有這一項技術與技能，並能讓你們知道我與云釩老師結緣的起源。

吳叔津 Jeam

心靈風水&成長之旅（觀元辰宮）

探索內在靈魂的印記
帶領著你尋找你的自我與存在
勇敢的看見自己找到眞正的自己

－誕生－

　　我是號稱十二星座裡最愛好自由、燦爛活潑、開朗樂觀的射手星座，但我一點都不像射手座女，或許是因為在窮困環境成長，我的靈魂似乎被掩蓋著無法跳脫現實上的務實需求，我不像有自由意志的射手人馬座的性格，也或許是原生家庭的嚴苛管教下，環境造就了我是一個完全沒自信、又自卑、害羞、凡事都會害怕出差錯，任何事情都是小心翼翼的。看著母親的眼神，害怕母親會傷心難過。我非常在乎母親的感受，因此只能做個乖乖牌女兒，成長過程也養成自己喜歡為家人扛起所有的責任，每當在為家人付出、照顧家人之下，我才會感覺較有安全感，不被人討厭，就是這樣，讓我變成一個愛照顧家人，在照顧家人時才有存在感的人，我的太陽長期都是在照耀家人，從來不懂得如何照耀自己。

我的父親是一個修船工人，當時家裡窮困，為了養育我們五兄妹省吃儉用，努力打拼，辛苦工作賺錢，然而父親卻在我9歲時病倒了，診斷是因為營養不良導致五臟肝功能生病了。一個不抽煙、不喝酒、正常作息的父親卻得了肝硬化，當時是醫療並不發達的時代，需要龐大的醫藥費，因此我們無法醫治我們的父親。

我的母親是一位非常能幹、有智慧的女士，忙碌的母親像是拼命三郎，為了賺一點錢，從不知道是白天還是夜晚，就像個陀螺一樣轉啊轉。老天爺常常在跟母親開玩笑，這次的大玩笑讓母親無法招架，母親在我10歲的時候，一場建築工安意外奪走了她的左手，對當時一位能幹的母親來說，就像是掉入地獄般，是一個非常大的打擊與衝擊，家裡變得愁雲慘霧、生活困難窘迫，老天爺雖然一直在考驗我的父母親，但他們也在困難環境下繼續前進，我的父親非常疼惜我的母親，他們非常的相愛扶持，生長在窮人家裡的我，父母親對我的疼愛從無欠缺過。

一轉折一

父親在我11歲去世，加上母親因為工安受傷截肢了左手，已無法繼續賺錢撫養我們五兄妹，因此在我求

學時期被母親要求半工半讀，成為常常一天當兩天使用的工讀生。在物質匱乏環境下成長的我，我很努力求生存，害怕別人的眼光，擔心別人鄙視我、輕蔑我，我當時不服輸的個性只知道賺錢，覺得賺錢是比讀書更重要的一件事情，我充滿精力與動能從不喊累，說好聽的是自己充滿精力與動能嗎？不是。是因為錢，金錢對當時的我來說非常重要也必需要。

環境造就早熟的我，從小只知道要努力打工賺錢，錢對我來說是非常渴望、非常想賺取得到的。就算荒廢了學業也會想盡辦法打零工，賺取更多我應得到的金錢，每當領到薪資就無比的開心，全數交給母親，明白家中需要用到錢的需求，只想讓母親別擔心生活上的困難與匱乏，我非常努力的工作只有一個目標，就是想讓母親有安定無憂的生活。

日子一天一天的過去，我長大了，我非常渴望父愛，從小就失去父愛的我，似乎是一個戀父情結的女生，我很希望有一個愛我、疼我的人，我想脫離原生家庭，想要建立屬於自己的家庭，想要與愛我的人過著幸福美滿的生活，我如願與追求我的男友，組織了自己的家庭，但好景不常在，自己夢想的童話世界生活，破滅了。

　　婚後我努力將所有的精神與心力都放在伴侶、女兒、工作以及整個家庭上，卻不是只要我努力就可以照我想要的生活狀況來生活。當時丈夫雖然在同屋簷下，但已不是家中的成員，我與他互相是個透明人，我只想讓女兒倆有個家的感覺，女兒們不知道我們夫妻的狀況，因為她們還小，女兒是我的心頭肉，是我用血肉所孕育出來的，任何人事物都是以她們優先考量才做決定，她們是我身體的一部份，我不想失去她們，我必須努力工作才能撫養她們，給她們最好的生活，讓我所愛的女兒和母親過更好的日子。當時的我，努力工作賺錢只是不想讓自己的女兒跟我一樣有童年物質匱乏的陰影。

　　我認真努力栽種灌溉屬於我們母女的家，同屋簷下的他、假象的家，家庭是完全變了樣的，所有一切讓我無奈、失望透頂，我常常暗夜裡哭泣，為何會讓自己變成這樣子的狀況，為何我一路這麼的努力經營所有，為什麼？為什麼會變成這樣子的狀況，我很自責，也有很多怨氣、很多的不滿，我們互相拉扯、持續了好幾十年透明人的生活，最後我終於選擇放下自己已盡力而為的一切。

一茁壯一

離開後我帶著兩個女兒一起生活，應該說，從頭到尾女兒倆本來就是一直在我的養育之下。我努力經營我的服裝業，沒日沒夜的工作，只為了想養活兩個女兒、我的母親和自己，兩個女兒當時在嚴厲的虎媽管教下成長，還好她們都很乖巧、很懂事也很優秀，從沒讓我為她們操心與煩惱，但我總覺得很愧疚，沒有給她們一個真正的家，我是母親也扮演父親的角色，我們相依為命。

服裝業這一塊我經營的有聲有色，二十多年以來我讓她們在一個無憂無慮的環境下成長，也常常告訴她們：我們比誰都還要好、還要棒，要有正向的觀念、正向思維，凡事要先正面思考，要懂得做好自己、要當自己的主人，更要有自信做一位抬頭挺胸的女孩。

兩個女兒現在都已找到愛她的伴侶，過著屬於她們自己的家庭，她們倆讓我很放心、很安心她們懂得如何經營自己的家庭。（是我最大的安慰）

女兒嫁人之後……家剩下一個我，每當工作忙碌完回到家，心情就變得好低落，一直處在沒有方向感的情況下，家變得好安靜，我整個靈魂似乎被掏空了，我沉

澱許久，也沉思了很久，每當在掙扎要何去何從時，內心深處就會浮現一股聲音，這強大的力量在告訴我，去找尋自己的人生目標，讓自己的靈魂再次成長吧！

2019年因緣、緣份之下我遇見了廖云釩老師，云釩老師給予我許多正向、正見、正念的觀念與教導，我也參與許多「釩」身心靈成長的課程。在經過「釩」身心靈許多課程的洗禮之後，我在「釩學院」Thtp科學觀靈術的元辰宮（生命之屋&心靈花園）裡探索到，自己從來不願意誠實面對自己的內在世界，我終於了解，原來過去那個外表總是打扮得光鮮亮麗、下巴總是抬得很高的我、愛面子不服輸的我，其實是一個不懂得如何表達自己真正的情緒與渴望、個性急切、自卑、缺乏自信的我，我從來不敢拿下高度近視的眼鏡，深怕看不清楚這個世界，年輕時的我，蛻變成為刺蝟，總是像戰士一樣將自己武裝起來，保護著自己，守衛著自己的不安，從小就不被了解，很難融入社會，總是感覺到孤單。

我期待著哪一天我的表現會被看見、被肯定，在挫折中勇敢面對，學習在他人攻擊我時，我還能匍匐前進。

一覺醒一

突然有一天我驚覺到，原來一直以來，我都從未為自己活過！

我以自己覺得對的方式照顧我的家人，卻從來沒有尊重他們的自由意識，也並沒有完全考慮到他們的真正感受，看似，是自己無私的付出，實際上卻是極為自己的自私想法與作為。

現在我學會了察覺自己、了解自己、認知自己，自己內心真實的渴望不再責怪他人與命運。

讓自己成為一個真正的個體，不讓任何人事物影響自己的情緒，由自己來掌控自己的人生命運。

我再次問我自己，現在還害怕嗎？我用心想過，曾經一路走得坎坎坷坷、戰戰兢兢、從高處跌到谷底，也曾經懷疑過自己，也無法接納過去的自己，更不相信自己有能力，我大半百人生像是在坐雲霄飛車一樣，過去的我已經沒有什麼好損失的，現在成熟的我更沒有什麼好不能捨得。最後明白了，其實我真正在等待的人是我自己、找到了自己是誰。

現在的我過著屬於真正自己的生活，也了解了自己內心深層真正的需求，我逐漸卸下了那些曾經想要隱瞞自信不足與自卑高傲姿態的我，開始找回屬於自己完整的生命拼圖。

現在的我，學會放慢腳步，珍愛自己、尊重自己生命的掌控權，尊重生命中每一個與我相遇的靈魂，更懂得感恩生命中每一個安排與驚喜，大宇宙曾經賜予我的人生經歷痛苦的靈魂，也讓我具備了所有的資源，也因此，有更多的同理心與耐心，在幫助他人的同時，也幫助了自己，終於找到了生命的方向，也成為目前半專職的身心靈愛好探索工作者。（助己助人&助人助己）

註：「一切的選擇都在我們自己手上，一點都不需要再懷疑。」

　　　　　　　　　　　　　　　　　——云釩老師

目次

Chapter 1 觀元辰宮個案經驗分享

Chapter 2 探索之路與調整

Chapter
3

叔津老師帶領你的成長之旅

回家吧！我的靈魂

Chapter 1

觀元辰宮
個案經驗分享

個案 *1*

尋找內在的自己

案主：小鈴（匿名）

叔津老師：

我們即將探訪妳元辰宮裡的生命殿堂和心靈花園，請妳輕輕閉上眼睛……不需要有任何畫面，只需要放輕鬆，放空妳的腦袋，把身體放鬆下來……我會從3數到1帶著妳……跟隨著我的引導……慢慢的、慢慢的，會感覺前方有一條通往元辰宮的道路，妳可以慢慢的往前走，順著前方的道路去探索妳的生命之屋，或許妳感覺到的不是一條道路，妳可以用妳聰明的潛意識，放輕鬆的走……去感受內在的妳自己。

小鈴：

中山路，長長寬敞的泥巴路，路牌清楚的寫著中山路，我順著中山路走，旁邊鋪滿雜草，柏油路面上有許多小石頭，我停下腳步，天空黑黑的像是夜晚，聞到空氣有一陣陣的**塑膠味**，路面很暗，似乎來到一所**垃圾場**，空氣的味道非常難聞。前方已沒有路，我感覺迷路了，停下腳步。

叔津老師：
請再感覺一下周圍。

小鈴：
前方有一條河流，河流上方有一個灰色小橋。我走過小橋，跨過河流，兩旁種了許多小矮樹，小矮樹圍繞著河流的堤防，河流的水流得很急促，前方一間木頭建造的古代房屋四四方方，外觀看起來髒髒的，有紅磚塊的圍牆，圍牆比我人高，旁邊有兩個大理石的長椅，有兩柱高高的電線桿，電纜線圍繞著電線桿上有好幾個閃亮小燈泡，四四方方的大門像是廟宇的門沒有關，是開放式的。

我已在客廳。

叔津老師：
再看看四周。

小鈴：
客廳很小，有一組小茶几，有古代式的四四方方小電視機，客廳非常小，有壓迫感，很狹窄，有兩個木頭的小椅子，旁邊堆著一些報紙，牆壁掛著一個長方形狀舊式擺動的時鐘，時鐘有滴答滴答的聲音，時鐘旁邊有一隻乾枯蟑螂的屍體，我請管理員幫我清掃、整理我的客廳，清除牆壁上的蟑螂。

我可以更換我的家具嗎？管理員把客廳稍微變大一點，牆壁再刷新油漆，客廳裡的小茶几、小電視機，更換為檜木製的3+2的桌椅，鋪上布坐墊，擺放50吋的數位電視機，擺上一個遙控手機，我不更換會擺動的時鐘，我喜歡它的滴滴答答的聲音。

叔津老師：
請妳在客廳找個位子坐下來再觀察一下四周。

小鈴：
我坐在檜木製的椅子上，我坐了好一會兒，我再請管理員幫我多加一個三層置物櫃，放置在電視機旁邊。

叔津老師：
三層置物櫃，有什麼用途？

小鈴：
要放鞋子、放帽子、放茶杯。客廳裡面有一個像走道一樣的小巷子，牆壁是細砂石牆。

叔津老師：
請再走進去看看是否有房間。

回家吧！我的靈魂

小鈴：
有。那是我的臥房，有藍色的雙人床，被單、床罩也是藍色的，地板鋪著咖啡色的地毯，推開衣櫃，裡面掛著許多我喜愛的上衣，有淡藍色、白色的顏色，梳妝台上擺放著一個很亮麗的檯燈，梳妝台上的鏡子正照映著我自己的模樣，我的頭髮捲捲的好散亂，順手拿著梳子，梳一梳捲捲的頭髮。

叔津老師：
是否有看到室內拖鞋？

小鈴：
有的，有兩雙大人穿的、四雙小朋友穿的鞋子。

叔津老師：
為何有四雙小朋友穿的鞋子？

小鈴：
是我四個孩子的小拖鞋。

叔津老師：
請在臥房裡找位子坐下來，再觀察一下。

小鈴：
我坐了很久，突然間感覺窗戶的窗簾被風吹得起舞飄起來。

叔津老師：
是否想要把窗戶關上？

 小鈴：
我堅持不願意關上。我覺得風吹的讓我很舒服。

 叔津老師：
走去看看廚房。

 小鈴：
我關上臥室房門，來到廚房，看到我的瓦斯爐正在煮我孩子愛吃的肉燥飯，廚房裡面有許多鍋碗瓢盆以及六雙筷子，看到一個像餐館裡的大冰箱，裡面塞滿了水果、餅乾、蔬菜、魚肉各種食物，看到冰箱底層裡面有**一包未拆封裝滿的大米袋**。

 叔津老師：
有看到水缸嗎？

 小鈴：
冰箱旁邊擱置一個塑膠**水桶**有蓋子，我打開水桶蓋，有一股**聞起來有點類似發酵的味道**，請管理員幫我更換新水桶，加滿八分水後重新蓋上蓋子，我把新水桶搬到流理台櫃子裡，廚櫃上方有

擺放著料理剪刀、抹布。當我打開水龍頭，水量小小的，但很順暢也沒有任何味道，廚房角落有一個裝滿垃圾的垃圾桶，管理員幫我把垃圾桶裡的垃圾袋綁起來移除掉，廚房的地板油膩膩的我踩著不舒服，請管理員裝了一桶水擦拭廚房地板，清理清理廚房。開啟廚房後門來到後花園，**前方有一棵很高大的椰子樹，樹幹上懸掛著三顆綠色的果實，地面上有一顆掉落已乾枯的空心椰子**。椰子樹葉上有鐵絲、有蜘蛛網、地面上鋪滿雜草，旁邊圍著許多雞隻，**我正在餵飼料，有母雞、有許多小雞，雞隻們被竹籬笆一一圍著**，有一隻<u>小狗</u>，小狗趴著在草地上睡覺不動。

叔津老師：
請管理員幫忙整理、修復後花園。

小鈴：
管理員已自動在清理椰子樹上的鐵絲、蜘蛛網、雜草了，我再請管理員把椰子樹移植到土壤肥沃的土地上種植矮一點。謝謝管理員。

叔津老師：
是否有看到守護神？

小鈴：

「觀世音菩薩」祂本一直在我身邊跟著我。

 叔津老師：

請你跟「觀世音菩薩」聊聊。

 小鈴：

在後花園裡坐了好一會兒，感覺整好的後花園讓我很舒服，「觀世音菩薩」說我前世是祂殿堂裡的小花朵。

個案分析

當事人對外的人際關係與人群之間較有距離感，具有強大防衛之心。

1. **垃圾場的塑膠味**

   象徵 ▶ 內心不安、恐懼，存在沒有安全感的狀態裡，內心深處也不容易相信他人。

2. **一包未拆封裝滿的大米袋**

   象徵 ▶ 注重飲食，在食祿方面不匱乏。

3. **水聞起來類似發酵味道**

   象徵 ▶ 不在乎金錢的來源，容易產生問題。

4. **生命之樹是一顆很高大的椰子樹，上有三顆粒粒顯明的椰子，一顆椰子枯萎掉落在地面上**

   象徵 ▶ 她應該有四個孩子。（小鈴說對，她現在有三個孩子，其中一位已往生，沒有人知道，為何探索元辰宮可以這麼清楚告訴她有四個孩子，小鈴覺得很不可思議。）

5. **當事人看到自己正在餵食竹籬笆裡的雞群**

   象徵 ▶ 為家人付出心力時自己才有安全感。椰子樹重新種植矮一點，讓當事人在人際關係上能沒那

麼緊繃，竹籬笆的圍牆清除掉一些，讓自己能
多愛自己一點、別太博愛。

6. 小鈴想要留下小狗，保持現狀自己才有安全感

象徵 ▶ 探訪者與人有一定程度的隔閡，不希望被他人
看到，為人樸實，對自己較沒有安全感。

個案回饋

在元辰宮裡，了解到自己一直不願意面對的事實，
思念天使孩子的心情愧疚不已。會把思念的情緒、
心情嫁禍到家人身上，卻造成家人的壓力也造成自
己無法找到自我。不應該。

當決定以祝福的心送走天使孩子之後，我也改變自
己的生活方式，不再把手伸太長、管太多，尊重家
人的選擇。

這幾年來我尋找到自己喜歡的事物，投入了自己喜
歡的志工服務，真正活出精彩的自我。

個案 *2*

想挽回與老公之間的感情

案主：貝貝（匿名）

 叔津老師：

3……2……1，無法探訪到前方的道路。這時的妳
已來到後花園……

 貝貝：

有一座小花園、一棵菩提樹，菩提樹下有整排的
一品小紅花，天空厚厚的雲霧似乎要下雨了，我
要躲雨快下雨了。

 叔津老師：

有地方可以躲雨嗎？

 貝貝：

有的，有一座涼亭，「白衣大士菩薩」坐在裡
面，在等我，「白衣大士菩薩」祂告訴我凡事會
雨過天晴，別擔心。整排的一品小紅花開的很鮮
紅亮麗，草皮是黃黃的、乾枯的草。

叔津老師：
請管理員幫忙把花園整理整理好嗎？

 貝貝：
那一霎那雨停了、草皮變綠了，是「白衣大士菩薩」灑了楊柳枝淨水，整個花園變的好亮，我向「白衣大士菩薩」說謝謝，一道強烈的光好刺眼，「白衣大士菩薩」突然間離開了，沒有看到了，祂沒有在這裡了。

打開後門進入到廚房，**爐子上沒有煮任何食物。**

 叔津老師：
想要在火爐上煮食物嗎？

 貝貝：
要，請管理員幫我在爐子上開火，我好想吃燉雞湯，點上兩個火爐，**左邊爐子燉著雞湯、右邊爐火煎著魚**，大大塑膠水桶，水是滿的沒有水蓋，管理員幫水桶蓋上蓋子，地板上堆了好幾包**米袋**，裝著是五穀米，擱置在廚房的角落旁，覺得角落的五穀米會潮濕，請管理員用塑膠砧板墊底墊高米袋，流理台上的水槽有兩個**水龍頭**，打開第一個水龍頭，水順順的流下，我用我的手捧著喝了一口水，感覺很鮮甜。第二個水龍頭鎖得很緊打不開，就不去動它，櫥櫃上方裡有鹽巴、

醬油，各式各樣的調味料，抽屜有鍋碗瓢盆，還有幾個白色紋圖的陶瓷器與晶瑩剔透的盤子，我很喜歡，轉身一看有一張大餐桌鋪著花花綠綠塑膠材質的桌布，是防水桌布才不會弄髒餐桌，有七張餐桌椅很穩固，想讓七位家人可以一起用餐。

叔津老師：

再來到你的臥房，有門嗎？

貝貝：

沒有門，有雙人床，**床罩與被單是暗黑色**，一雙紅色室內拖鞋，一雙黑色室內拖鞋，白色地磚的地板，地板上有許多掉落的頭髮。

叔津老師：

是誰的頭髮？

貝貝：

是我的頭髮，管理員拿著畚箕正在打掃，窗戶非常大是打開的，外面有一堆鳥巢，我想把窗戶關起來，好像有人在偷窺我的感覺，我在房間裡坐一會兒，我很落寞，我再看看臥室的周圍，發現**牆壁不夠亮是灰灰的顏色**。管理員把床罩、被單更換為淡紫色的顏色，再把兩雙室內拖鞋更換為粉紅色擺放一起，把窗戶外的鳥巢移除掉，再粉刷一下牆壁，窗戶更換小一點，順便關上窗戶，拉上窗簾。

叔津老師：

請看看臥室裡是否有梳妝台？

貝貝：

有，我拉開梳妝台的抽屜，抽屜裡放著一個髮夾，我坐在**梳妝台**拿起髮夾別上頭髮，我面向照著鏡子，**鏡子呈現出我老公年輕時的影像**。

我已到客廳，有大大的沙發，我坐在沙發上，前方出現供桌，沒有燈火，我點上油燈，擺上鮮花、水果。

叔津老師：

是否更換LED燈？

貝貝：

我喜歡油燈，客廳很簡單一組，大沙發還有幾張墊子鋪在地板上，是我每天禮佛時可使用的，沒再看到任何家具家飾的擺設，發現客廳牆壁黃黃的很暗沉，管理員把牆壁粉刷明亮的乳白色顏色，在客廳裡建設一個落地窗加上薄窗簾並打開窗戶讓空氣流通，感覺很舒服。

叔津老師：

還需要添加什麼嗎？

回家吧！我的靈魂

貝貝：

我覺得客廳就這樣簡單就好。我想要一間書房，當下請管理員建構一間書房，擺上長長的桌子、有靠背的椅子，在書桌上放置檯燈和紙、筆。

叔津老師：

請在書房觀察一下，有看到一本書嗎？

貝貝：

沒有，我只想每天在書房裡自在安心的抄經文。

叔津老師：

有看到客廳的前大門嗎？

貝貝：

有的，我打開前門走出前院，<u>**前院有一條很挺直的柏油路**</u>，有明亮的路燈。

叔津老師：

請回頭看一下房屋長什麼樣子？是什麼建築物？

貝貝：

鋼筋水泥建築的很高，牆壁是瓷磚牆，數了數共有**五層樓高**，每一層的外觀看起來很現代的建築。

個案分析

追求心靈成長,有特定的信仰神,對宗教信仰非常虔誠,在宗教裡尋找自己的安全感。

1. **原本爐灶上是沒有煮任何食物**

    象徵 ▶ 不注重飲食,事業行動力較弱。

2. **當事人願在兩個爐灶上燉起雞湯和煎魚**

    象徵 ▶ 開始學習懂得自己接受自己的所愛事物。

3. **米袋、水龍頭**

    象徵 ▶ 經濟物資不匱乏,可支配自己的所得。

4. **在黑濛濛臥室**

    象徵 ▶ 與另一伴的互動情感出現問題。

5. **在梳妝台呈現另一半年輕的模樣**

    象徵 ▶ 內心充滿期待、嚮往著與老公的感情世界能更好。

6. **前門挺直柏油路**

    象徵 ▶ 生命之路挺順遂平坦。

7. **五樓層高水泥建築透天房屋**

    象徵 ▶ 理性、較有自己的想法,個性固執較不容易改變。

個案回饋

改變所有一切的想法，反思自己的生活態度後，明白夫妻之間不能太頑固、太高傲，這幾年來我更懂得打扮自己的穿著，學著放下身段也學會撒撒嬌。探訪元辰宮之後我了解自己的缺點，我調整自己、改變自己，磁場也跟著我一起在改變。現在我老公已經天天回家吃晚餐，我們夫妻現在只要下班，孩子不在家時，我們倆夫妻就會去小約會，放假日也會開著車去外地渡假。我學會先檢討自己，懂得尊重與溝通再做一些改變之後，我們的家庭生活變的更溫暖幸福。

註：透過當事人的女兒告訴我，她的爸爸媽媽現在很幸福再也不鬧口角，夫妻常常搞失蹤約會去。

個案 *3*

探索是否還能遇到藍粉知己

案主：桂芬（匿名）

桂芬：

小木屋，建築得很扎實，它是一根一根圓木頭疊起的房屋，**客廳**角落堆滿農作物的工具，地面厚厚泥土沾滿塵埃、灰塵，我不喜歡，到處都是蜘蛛網、坑坑洞洞，到處都是螞蟻洞，**像一間農舍**。

叔津老師：

是否願意重新整理自己的客廳？

桂芬：

我想要整理，這時候，我感覺「土地婆」已在客廳，正在幫我打掃客廳環境，我告訴「土地婆」我想要重新建造客廳，地板重新安裝白色磁磚，牆壁粉刷米白色，需要安置紫色落地窗加上窗簾並微微的打開讓陽光照射進來，客廳擺設舒服的米色沙發、放置一個月亮型的桌子，擺放矮櫃

放置智慧型電視，落地窗戶左邊放一部鋼琴，我
會彈鋼琴，跑步機放置在電視矮櫃右角邊，牆壁
掛上米奇米妮卡通時鐘和自畫圖像，謝謝「土
地婆」，整理好，重建好之後，這就是我要的
客廳。

叔津老師：
改變了心靈客廳之後，重要的是思維、心態也要
改變，能量才會更強大。請再往裡面走去。

桂芬：
清楚的，看到三個房間。打開第一個房間，是我
的臥室，看到雙人床、雙人枕頭、水藍色棉被與
床罩、木頭式大梳妝檯，桌面上放著口紅、梳
子、盒子內裝著眼鏡，我面對著鏡子，鏡子裡是
我自己的影像。

叔津老師：
房間裡還需要再添加什麼嗎？

桂芬：
我想要有桃花，我想找一個伴。

叔津老師：
可以邀請「土地婆」幫忙。

桂芬：

「土地婆」幫我安裝微大的落地窗加上一層**粉紫色薄紗窗簾，同時在窗戶外面擺放一盆粉紅色桃花樹盆栽**，在雙人床地板下擺放二雙粉紅色室內拖鞋，我推開**衣櫥，看到死去先生的衣物**，我停頓了思考後決定移除掉先生的衣服，請「土地婆」幫我更換為我常穿的花洋裝。第二個房間我想要留給將來長大的兒子。

 叔津老師：

請打開第三個房間。

 桂芬：

是一間書房，有擺設書桌，書櫃上擺滿各式各樣不同的書籍、有地球儀，有舒服的小沙發椅，小沙發椅上有二個小抱枕、有一台微電腦的電風扇，書房上方冷氣正開著，吹的很舒服。

 叔津老師：

還需要添購什麼嗎？

 桂芬：

我想要有三張桌椅，想跟兒子一起在書房裡看書，希望將來也可以與未來的他共同研讀書籍，

回家吧！我的靈魂

當下就請「土地婆」再幫我添購擺放三張書
桌椅。

叔津老師：
請在書桌上找找看，是否有看到一本厚厚的書？

桂芬：
厚厚的書在書櫃裡，我把它拿出來打開要翻頁卻
看不到文字內容，裡頭整個是空白的，它是一本
沒有文字的精裝書。

叔津老師：
我們再到餐廳。

桂芬：
有一張透明白白淨淨的長桌子，餐桌上擺放四顆
雞蛋，六張椅子很整齊。

叔津老師：
再到廚房。

桂芬：
有現代新科技的**瓦斯爐，有三個開關的火爐，
完全沒有點上火苗**，沒有蒸煮任何食物。**開啟水
龍頭時水量很大**，石質**水缸沒有水**、沒有蓋子，

請「土地婆」幫忙加滿水，蓋上石蓋，石質**米缸沒有米**，請「土地婆」加滿米，蓋上石米蓋，再把石水缸和石米缸移置到流理台下方的櫃子裡，水缸在左邊、米缸右邊，請「土地婆」在廚房上方幫我建設櫥櫃，擺放七個彩虹色盤子、六組碗筷、大大小小的精緻鍋子、廚房牆壁邊擺放一個大冰箱，冰箱內裝滿我和兒子愛吃的蔬菜、水果、果汁、牛奶。

叔津老師：
再來到後花園。

桂芬：
我看到整排七彩繽紛的小花，蜜蜂、蝴蝶熱情的在小花上飛舞，我開心的坐在鞦韆上搖啊搖，搖擺到我不想下來，看到遠處有一座池塘，我走到池塘邊仔細的看，有烏龜、有小魚。

叔津老師：
烏龜和小魚是誰養的？

桂芬：
它們原本就在後花園裡了，大大的榕樹上面有個鳥巢，我不喜歡榕樹，但我喜歡鳥巢，榕樹讓我壓力好大，我無法呼吸……

叔津老師：

需要重新更換種植嗎？

桂芬：

我願意，我喜歡美人樹，當下就請「土地婆」幫我更換種植美人樹，當「土地婆」在幫我種植美人樹時，有一道彩虹光，「白衣天使」出現一會兒，我還來不及仔細看天使就不見了，彩虹光一直照耀著美人樹，當「土地婆」跟我說生命之樹已更換為美人樹時，我突然好想哭、好感動，感覺自己好像被救活了。

叔津老師：

關上後花園的門，慢慢回到前院。

桂芬：

當我打開前院大門時，我回頭看望自己的房子，它已是一棟漂亮的別墅洋房，前院是我夢寐以求的大草坪園地，綠油油的草皮，有裝飾著石板路種滿紅綠色小花植物，右邊有一座很漂亮的涼亭、有躺椅，我坐在涼亭的椅子上，臉面向天空，陽光照耀著我很舒服，很溫暖。

個案分析

1. **小木屋**

   象徵 ▶ 只知道打拼掙錢付出給家人，完全不知道自己內在是多麼的孤單、無助與匱乏。

2. **客廳像農舍**

   象徵 ▶ 內在完完全全沒有屬於自己，像被挖空的靈魂，再重新整修、建設、更新屬於自己內在的世界，開啟自己未來的人生。

3. **臥房窗戶外，種植一盆粉紅色桃花樹，裝飾粉紫色薄窗簾**

   象徵 ▶ 讓單身的當事人能遇見對的人。

4. **衣櫥裡還擺放著已去世已久先生的衣物**

   象徵 ▶ 還對丈夫有所思念，以斷捨離，更換為自己喜愛的花洋裝，重新開創自己的人生目標。

5. **瓦斯爐上的火爐沒有點上火苗**

   象徵 ▶ 沒有事業行動。（當事人説自從先生去世後，再也沒工作了。）

6. **書櫃裡一本厚厚的書沒有看到文字內容**

象徵 ▶ 時候未到。美人樹代表活力陽光、生命力強，
能為自己開花，享受自己、創造自己的未來，
建造屬於自己的生命藍圖。
希望能好好的愛自己，做自己的主人。

7. 水龍頭的水量很大，水缸裡沒有水，米缸裡
沒有米

象徵 ▶ 隨時可以使用必要的金錢但帳戶存款有限，不
重視飲食。（當事人說自己確實不擔心金錢的
問題。）

個案回饋

探訪自己的生命之屋&心靈花園之後，努力改變自
己的想法與思維邏輯再改變待人處事方式，學習讓
別人看到我。
我在探訪元辰宮的次月就有朋友介紹相親對象，一
切發展的很順利，我已有藍粉知己，並且他與我兒
子相處的融洽。
我認為太神奇了，調整好自己的心靈之屋之後，就
看見火花了。現在的我懂得過自己的生活，凡事會
先以自己為優先考量了。

個案 *4*

尋找自己的感情世界

案主：蕙茹（匿名）

蕙茹：
第一眼望去，一座簡單建築的老式小公寓。

叔津老師：
需要更換重建未來的房屋嗎？

蕙茹：
不想更換，這是我喜歡的小公寓。來到玄關看見有兩間房間，我打開第一間房間是我的臥房，進入臥室內牆角上鋪滿一絲絲的蜘蛛網，大大的雙人床、紅通通的床罩與被單，三個枕頭中二個紅色枕頭擺著一上一下，一個灰色枕頭在床的右角邊，床鋪不是一般的雙人床，而是非常大的雙人床，床下堆滿衣物，我撿起衣物先把衣物擱置在梳妝台椅子上，找不到衣櫥，小小的梳妝台，地板上灰灰髒髒的，床邊有一雙紅色室內拖鞋，臥室門外有兩雙黃色鞋底髒髒的拖鞋，門外的黃色室內拖鞋，我想把它拿去丟掉，我不喜歡的款式

看起來很礙眼，臥室沒有窗戶悶悶的，四周牆壁刷著紅色油漆還有油漆味，我不喜歡這間臥室，請「老爺爺」幫我一一整理打掃乾淨重新佈置、裝飾我喜愛的臥房，先把那一個多餘灰色的枕頭和那兩雙黃色室內拖鞋移除清掉，雙人床改為小一點的雙人床，我不喜歡紅通通的床罩和被單，「老爺爺」幫我更換粉紅色的被單與床罩順便把雙枕頭放齊，牆壁重新粉刷粉白色油漆，再噴一點茉莉花香水，擺放一個新衣櫥櫃再把堆置在梳妝台椅子上的衣物慢慢整理掛進衣櫥裡。

叔津老師：
請在房間裡找個位子坐下來仔細再看一遍。

蕙茹：
發覺梳妝台沒有鏡子，我不需要鏡子，雙人床改小一點之後我的心踏實多了。

叔津老師：
另外一間房間是否去打開看看？

蕙茹：
我現在還不想打開另一間房門！等一下再去開啟。我先來到廚房，發現我的米缸已長出蟲子，找不到水缸，我打開水龍頭時發現水是滴滴答答滴滴答答

的流下不足的水量，沒有爐火，廚房上方牆壁有一面小窗戶的紗網被灰塵籠罩著，「老爺爺」祂再次幫我把廚房的環境打掃一翻，更換新水龍頭順便清理水管裡的管路，我再次打開水龍頭時水量順暢多了，再把長出蟲子的米缸移除掉換上新米缸，把米缸加滿米順便蓋上蓋子，添購新水缸把水缸的水加滿，蓋上蓋子，請「老爺爺」幫我把米缸、水缸放在廚房上方櫃子裡，再添購一組瓦斯爐並打開火苗煮雜燴火鍋，我告訴「老爺爺」再幫我添加碗筷、湯匙，「老爺爺」問我要幾個碗筷，我只要一組碗筷就可以。開啟小小後花園，圍牆鋪滿著馬纓丹小花，馬纓丹小花圍繞著整個後花園剩下一小塊的空間，我蹲在馬纓丹花堆裡撿拾石頭，撿拾石頭時，心就越無助感，觸目傷懷。

叔津老師：

請再說說狀況！

蕙茹：

我是一個沒人愛的孩子，喜歡躲在馬纓丹花堆裡就可以把自己藏起來。

叔津老師：

請「老爺爺」把後花園的馬纓丹花整理一下好嗎？

蕙茹：

好，「老爺爺」幫我把後花園的馬纓丹清理剩下一株，再把馬纓丹堆裡的石頭清掃乾淨，安置一個照明燈，當照明燈點亮時我似乎覺得我的心被釋放了，不再悶悶不樂。

 叔津老師：

請在後花園找個位子坐下來感覺一下。

 蕙茹：

這時有一道聲音說：「女兒自己要學習獨立不要依賴他人，自己想辦法養活自己不要再伸手乞討。」這聲音很耳熟，安靜的狀況下，我再仔細的傾聽聲音從哪裡來，是我天使媽媽的聲音，泣下如雨無法停止淚水。平靜下來之後，我的天使媽媽告訴我自己要自強。

 叔津老師：

請再與天使媽媽說說話。

 蕙茹：

我的淚水還是一直無法停止，最後用愛與光送走我的天使媽媽，請她別再為我擔心了。

叔津老師：
另一個房間有什麼想法？

蕙茹：
我想要佈置成嬰兒房。請「老爺爺」協助我一起佈置嬰兒房，擺放嬰兒所有的必需用品。

叔津老師：
請先打開另一間房門。

蕙茹：
當我打開房門的時候有一位長頭髮的女生坐在裡頭，妳是誰？這個房間是我的，我站在門外站了好一會兒，我再次踏進房裡，我仔細的看，突然間看到男朋友和長頭髮的女生正在進行性行為的肢體動作，我在房間內站了許久無法言語，淚如泉滴。

叔津老師：
長頭髮是誰？

蕙茹：
好一會兒，長頭髮女生告訴我她是男朋友的妻子，我驚訝不語，瞪目結舌。

回家吧！我的靈魂

叔津老師：
請再次與他們對話。

蕙茹：
這時候我才知道我才是第三者。

叔津老師：
以祝福的心送走她們。並請「老爺爺」把另一間
房間移除掉。

蕙茹：
來到不算大的客廳，三人座的小沙發，我在沙發
上坐了許久，四周牆壁空盪盪的沒有任何家具的
擺飾，只有三人座的小沙發椅，請「老爺爺」添
購桌子，把客廳的三人座沙發椅更換為一人座的
沙發座椅，擺放一台電腦、一台音響，我害怕太
安靜，我已按下音響的按鈕播放著音樂，突然，
想要一台小電冰箱擺放在客廳右角邊，塞滿我喜
歡的青菜、蒟蒻、水果、蛋糕。

叔津老師：
開啟四樓小公寓大門。

蕙茹：
我下樓梯去，到一樓，這時候，我才知道外面的
世界是這麼的漂亮，空氣這麼的舒服。

個案分析

允許荒唐的愛情，是自己？還是他才是始作俑者？當事人的經濟狀況一直匱乏，只想外求從來不懂得內求。

馬纓丹花象徵渴望擁有家庭生活，想獨立自主又害怕身心受傷。現在開始學習獨立自主，讓自己變得更優秀一點都不困難，只要願意改變一切都不晚。

內在小孩已想要改變自己，所以意識到，探索自己的生命殿堂與心靈花園。內在靈魂在告訴妳，妳自己才是最重要的。相信妳會遇到一個可以跟妳一起努力共同經營一段靠譜的愛情。祝福妳……

個案回饋

當我在後花園聽到天使媽媽傳來的聲音告訴我不要再乞討時，我非常的激動震撼，我的媽媽已去世多年卻還一直在守護著我，我卻讓自己過著這麼糜爛的生活。在探索自己的元辰宮之後才知道自己一直是他人的第三者，雖然很掙扎、難過，我覺醒了、醒悟了，不再向外乞求生活費。

我正在努力，我一定會學習讓自己重新開始。學習自己喜歡的烘焙烹飪課程，學習一技之長，給自己力量賺自己的生活費。

── 個案 *5* ──

探索自己金錢匱乏與生命的無力感

案主：白雪（匿名）

白雪：

老師我可以跟妳聊聊嗎？我想探索我前世是怎樣
的一個人，為什麼我這輩子活著這麼苦、這麼
累，我好累、我好累，我累到都不想活了，請老
師跟我聊聊好嗎？老師我等不到明天，我需要妳
聽我說說。我前幾天吞了八顆安眠藥，為何沒有
死去？

我不知不覺中已被老師引導進入我的生命之
屋……長長、凹凸不平的石板路，我走了好久，
走著走著我的腳非常痠，我停下來休息，蹲在路
旁，有一塊大石頭，我坐下來。

叔津老師：

請看看四周還有些什麼？

白雪：

路旁有許多雜草、小碎石，我沒有穿鞋子，我覺
得我的腳刺刺的、黏黏的，再往前，前面有一道

石板石頭堆起來的圍牆，圍牆上生長許多雜草，石頭泥巴路濕濕黏黏的，生長著綠綠的青苔，**找不到管理員**。

叔津老師：
請打掃、整理、修復。

白雪：
我先讓自己穿上鞋子，我喜歡石板路，我不想更換，只想用清水沖洗乾淨，我把圍牆的雜草青苔清除、移掉，更換為矮竹籬笆圍牆，我抬頭一望，看到一間石板蓋的房子，外觀是一瓦一瓦一塊一塊疊起來的石頭屋，石頭屋的大門是鐵製拉門。

叔津老師：
是否有看到門牌？

白雪：
沒有，老師我已經在屋內了，屋內客廳有厚厚的木頭桌子，六張木頭小椅子，地板是土質的，踩上去還有灰塵，我坐在小椅子上，四周望一望，客廳就是這麼簡單。

叔津老師：
請裝修整頓更換。

回家吧！我的靈魂

白雪：

我先把客廳更換為西洋式大理石地板，牆壁貼上壁紙，開放式的大落地窗戶、L型蘋果綠色沙發、長長的大圓桌，安裝電視牆櫃擺放一盆金錢樹，天花板有藝術吊燈，常溫酒櫃放在客廳右下方，一台電動按摩椅，整理之後我坐在蘋果綠色沙發上，我很滿意自己改變後的客廳。來到臥房，右邊擺放著一張雙人床，臥床上只有一個枕頭，灰藍色棉被、床罩是咖啡色，看起來皺皺的，床邊地板上有一雙白色室內拖鞋在，沒有梳妝台，沒衣櫥，牆壁上還有許多螞蟻在爬，臥室我不喜歡。

叔津老師：

自己來更換打掃。

白雪：

把牆壁的螞蟻清理乾淨，把雙人床移到中間更換新被單、床罩的顏色為淡淡的粉色再多加放上一個枕頭，多擺上一雙粉紅色室內拖鞋，我又在梳妝台上放置我喜歡的保養品，安裝系統衣櫃，裡頭擺放著我喜歡的褲裝，我可以穿一下衣櫃裡的褲裝嗎？當我穿上一套華麗的褲裝照映著梳妝台的鏡子，呈現了我自己，我不自覺地說出，這

是我自己嗎？來到餐廳和廚房，一個大大的冰箱放置在廚房的角落，冰箱內塞滿各式各樣的魚、肉、海鮮料理，一個燒木炭的爐子正燒著鐵鍋內的水，地板上有一包麻布袋裡面裝著白米，黑色的小蟲蟲爬出麻布袋的外面，沒有水缸，也沒有水桶。我打開水龍頭沒有半滴水，是停水了嗎？到廚房還是找不到管理員，我自己整理我的廚房，把廚房更換為系統廚房，L型電器櫃可收整電冰箱，牆壁增加儲藏櫃，我把我的米缸更換為製米缸，把水龍頭換成電動按壓式，我可以隨時方便使用，水缸更換成大水塔。再來，打開後門來到後花園，我突然蹲下來淚如泉滴的哭，我告訴「觀世音菩薩」救我吧！「觀世音菩薩」是我的守護神。

 叔津老師：
請找位置先坐下來跟「觀世音菩薩」聊聊。

 白雪：
我一直問，一直向「觀世音菩薩」訴說，祢是我的守護神，我要如何才會有錢、我要如何才有更多的錢，我好累、我好累，快被經濟壓到不行。眼前的「觀世音菩薩」手拿著楊柳枝淨瓶為我灑

下甘露水。好好的做自己，做自己，世界才會變成自己喜歡的。

叔津老師：
去找妳的生命之樹－－茄苳樹。

白雪：
樹幹已歪斜，樹上的葉子長得稀稀疏疏的，樹幹上有好幾個破洞與脫皮，下方泥土是乾乾的。

叔津老師：
請幫茄苳樹澆澆水，再用支架把樹幹架好，移到土地肥沃日照好一點的地方。

白雪：
調整修復後，我在茄苳樹下乘涼，我直接坐在草地上，我想曬曬太陽。謝謝祢的恩典……「觀世音菩薩」。

個案分析

沒有管理員

象徵 ▶

當事人需要親力親為，身邊沒有人可以協助和依靠，凡事更要勇敢面對事物。

貧賤夫妻百事哀，白雪自從結婚後都是在為先生孩子家人付出，不分日夜的工作，只希望能夠多賺點錢，給孩子家人更好的生活，每天只會擔心家人。不懂的愛自己。

這一生只知道為父母、為先生、為孩子、為孫子，從來都不知道自己是多麼的匱乏，標準的傳統女性，腦中只想著家人過得好就是她過得好，永遠少了自己。一直照著自己的模式在安排家人所有的生活，卻不知道自己的能力有限。自己的內在潛意識裡存著愛面子、愛攀比，嚮往著更高的物質，好高騖遠，這樣的習慣模式讓她自己無法喘息，無法解脫放手。

自己都整理不好、管理不好自己，不面對現實生活的狀況。會有更好的物質嗎？

每個人都屬於自己的個體，誰也都無法去干涉誰，照顧好自己才是首要的，個人的命運是掌握在自己手上的。探訪元辰宮只是讓自己由各種象徵更清楚了解自己以及為自己設定目標為出發點，並不是要求家人事事到位。現在首要先把自己調整好，整理好、建立好自己，把自己的觀念建立正向、正念，金錢能量才會流向給妳自己。

個案回饋

歲月不饒人，曾經日子一天一天讓我找不到自己的身體與自己的靈魂。之前我完全找不到自己的存在感，需要活下來的意義。

探訪元辰宮後遇見到我的守護神，也答應了「觀世音菩薩」，我會好好的過自己的生活，好好的在世界上看最美好的事物。自己的貪念要求家人達到我的標準，當不合我意時我就會怪罪我自己，就會造成更多我胡思亂想的尋死念頭，現在我不會有壞想法了。

探訪元辰宮之後我才知道什麼是屬於自己人生的生活，也給了我許多正確的方向，去學習能肯定屬於自己的事物，並同時放下好高騖遠的心態，學習人事物的斷捨離，再也不會去做要求他人的事，我學習尊重他人的感受。

探訪科學觀元辰，讓我明確知道如何掌控屬於自己個體的人生方向盤。

當情緒偶爾又來的時候我會提醒自己，我才是最重要的。

> **01**

傻女孩明明知道不能去愛，偏偏又要往無底洞躓。

痛過才知道如何保護自己；哭過才知道心痛是什麼感覺。

傻過才知道適時的堅持與放棄；愛過才知道自己其實很脆弱。

其實生活並不需要這麼些無謂的執著，沒有什麼真的不能割捨。

學習無時無刻給自己內在強大的力量。

學習尊重自己、先愛自己，就不怕失去。

> **02**

妳說妳想嫁給他是否好？

妳問什麼是愛情？什麼是家？什麼叫做愛情？什麼又是真愛？

迷戀、狂戀、癡愛都不算真愛。

只有共同建立一個家，並且能在生活事件裡的衝撞與摩擦中還能堅持手牽手的，才叫做真愛。

可能妳的伴侶比妳更清楚，妳的內在裡的「另一個妳的存在」。

如果妳有一位伴侶可以正視到妳內在裡有個衝動又任性的小孩，而他又願意陪妳，將它找出來並且了解另一個妳。

這絕對是妳可以牽手一起走一生的人，因為他可以看見妳最深處的盲點，他可以陪伴妳、協助妳找到妳自己內心裡的不安曾經受傷、困窘、受壓抑、愛搗蛋的那個「幼稚的妳自己」。

他可以包容妳、撫慰妳不自知時的幼稚，可以接受妳任性衝動的行為與話語。他的真，勝過妳對他好。

妳的生命之屋內已顯現出這份感情時間已夠長，妳自己在潛意識裡所遇見的他就是他，長期相處的時間已可以證明妳們之間什麼才是真愛了。

他的好只有妳自己最了解，自己將來的生活自己做決定囉。

❯ 03

妳說妳自己是個沒有主見的人，妳的事業合夥人常常扯妳的後腿，妳無法再跟她一起工作，該如何是好？

有時候必須學著自己一個人堅強，挺過所有的困難。

如果妳想成功就必須對自己在生命中經歷的每一件事情負起該有的責任。

沒有人應當來為妳負責妳的人生的，只有妳自己必須負起該有的責任。

讓自己成為更好、更獨立自主的人，那才是妳對自己的人生該有負責的態度。

危機也是轉機&轉機也是機會。

> 04

命運就像掌紋，儘管曲折離奇，卻能掌握在自己的手中。

妳說：希望就像一團火。失望就是煙，一樣能煙消雲散。

人生不就是一邊生火一邊冒煙嗎？今生功課今生做完。在這個浮躁的世界裡，哭和笑都是心靈在呼吸。

不妨，讓自己更自在做自己。黑夜再如何漫長，白晝總會到來，不值得的人事物要堅強的果斷放手，別人的功課不要搶著做。

做自己的功課，完成自己的功課作業就好。

05

妳說妳在婚姻裡不快樂，妳說為何婚姻無法滿足妳。

妳說妳的生活為何無法照妳的意思過活。

不要只接納一半，卻詛咒另一半，婚姻不是只為了那一張約束的紙，更不是只為了資產、財產來委屈自己去配合所有。

婚姻與真愛像是錢幣的兩面缺一不可。

銅板有兩面，地球有兩極，少了任何一邊，都不是整體完美。

放下貪、嗔、癡，生命才能自己找到出口。

當妳樂意接受與面對，妳也就能獲得自由與自在。

06

放下一段感情時，妳可以很理性，因為妳知道走不下去或是走下去也不會幸福。

但放下一個人，哪怕明明知道他不是那個可以給妳幸福的人，妳既明白自己愛他，也就等於接受寂寞，而妳卻有時候還是理性不起來。

很傻，是嗎？在愛情裡，我們誰不是傻瓜呢？愛就愛、痛就痛、傷心流淚就好了。

讓時間來療癒妳的身、心、靈。

07

長期生活在乞討物質上的妳，不滿意自己的妳。

妳老是期待別人對妳的肯定和老是要別人對妳好。這樣的妳，難免會更失望也會帶給別人無形的多重壓力。

想在手中緊握著所有的細砂時，它將，也會從細縫中流失，會更想掙脫掉所有的束縛，那麼妳一定會失去更多。

反轉過來想，如果快樂是自己就能給自己，那麼妳所得到的快樂就會比別人給妳的更快樂，還會更有自信而且更有力量讓自己呈現自己的美。

試著改變自己，妳會發現任何事情沒有妳想的那麼困難。

當妳把自己過得開心時，所有的問題也會迎刃而解。加油。

> **08**

再堅強的人，內心深處也會有一個會讓妳想起時，心跳也會有停頓一秒思念的人。

放心不下的故事與那個人，其實有很多時候，是妳自己沒有勇氣去爭取。

雖然妳只是想要一個肯定的眼神和一顆理解妳的心，但他無法了解、理解妳。

為何妳不試著去爭取，試著自己去開口。僅此而已，就這麼難嗎？

坦率面對自己的情感，放下尊嚴，繼續前行，別再折磨自己啊！

有時候偶爾忽略自己一點點來互相體諒愛妳的人，也很好的。

生活有時需要迷糊一點，不要太固執。別太認真。

09

其實所謂幸與不幸多半只是別人眼光和自己心中感受的交會，最終定位了妳所謂幸福的位置，是一種座標，像是導航系統的GPS。

位子不過是一個點，幸或不幸，純粹是妳自己的自我定義。

我們一生中只不過是清醒地穿過夢境，每個人只不過是歲月裡的一個幽靈。

如果妳順利的度過逆境時，妳可以把幽靈變得更具象、更堅實，它是「虛空」狀態的盔甲。

那妳走過所有的逆境時便是妳生命中最好的禮物。

> 10

如果跟自己作對，誰也沒辦法解救妳。

人都要學習與情緒共處，自己的情緒應該由自己決定，而不是讓情緒失控，任由情緒擺佈妳。

人生沒有過不去的事，只會拿情緒折磨妳自己，起伏的情緒是不會讓妳自己更好，只會讓妳陷入負面情緒的惡性循環。

妳的人生不在別人的手裡，而是在妳自己的手裡，改變自己的心態妳才能蛻變。

掌握妳自己人生的舵、做妳自己命運的主人，請別讓命運牽著妳走，而是學會主宰自己的人生。

凡事少一點較勁，只要將自己的事做好，該屬於妳的繞了一圈也會是妳的。

相信妳自己的感覺，為自己的人生而活吧～妳就能開創無限的可能，在人生裡真的不要跟自己過不去，請努力學習淡定處事。

當妳不跟自己人生過不去時，能阻礙妳的人事物絕對會越來越少。

「阻礙」是自己製造的。

> **11**

每個人，內心都有一些傷口。每個傷口都會帶來一些難耐的情緒。

那些傷口可能會大而猛烈，讓妳無法承受，讓妳不知道如何處理。

妳就會想隔絕它、會用一些方法掩蓋它、合理化它和淡化它，只想讓自己能不去面對它，以便讓自己能繼續在生活中撐下去。

今天謝謝妳願意分享、相信我，那些妳一直不敢觸碰的情緒，會在妳的分享當中找到出口，妳將可把它消化成妳願意接受它，更可以慢慢的去吸收它。

回饋當中妳已慢慢的在理解自己、慢慢的從這些情緒裡去理解化，可獲得正向思維滋養自己。

讓自己慢慢長大，妳會有能力回頭來跟那些妳無法承受的創傷與情緒的內在小孩說聲：「沒關係的，一起面對。承受這些真的很不容易。一個人撐著，還好有妳一直陪伴著我，真的是辛苦了。」

現在，不用害怕了，我已經長大了，我會陪伴著妳，我們終於有機會可以給自己一點溫柔，可以開始愛著這樣的自己。

即使妳身上有和妳父母類似的特質，妳個人的意志、妳的選擇，都會讓妳跟他們不一樣，過著不一樣的生活。

妳不會複製，也不需要複製誰。

妳，就是妳自己。

> 12

做一個有自信的女人、做一個有自信的男人就不怕失去自我。

如果自己擁有強大的實力和心力時，那麼當自己再次失去一樣東西的時候，就不會心慌了。

因為知道自己已有能力可以再重新添置，丟了就丟了，無所謂。

其實男女的交往也是一樣，一個聰明的女人&男人，他會更加的溫柔體貼對方，當然他也會深情似海愛著對方。

不同的是，一但他發現不被尊重的時候與不被重視的時候，他就懂得及時止損。

他也懂得有句話叫做把你歸還人間，是清醒也是直取，有自信的說走就走絕不拖泥帶水。

為什麼他可以做到這麼的酷呢？因為他非常清楚以自己的條件，他是不會缺乏愛的人。

如果今天的妳，還是會因為一個人的離開而自暴自棄的話，只能說，是因為妳自己擁有的東西太少了、能力太弱了，於是妳才會覺得失去一個人時，就好像失去所有的一切。

這些話可能有些殘酷，但是就是人的本質，任何一個人最大的底氣，只有靠自己的努力加強自己，沒有任何例外。

共勉之。

13

當妳走在元辰宮心靈之路時到處鋪滿枯枝落葉，心累、疲憊的妳，矛盾的妳，愛而不得，這是一種怎樣的體驗。

是失落、是惋惜，也是遺憾。就是不見會想見，見又覺得不對。

妳的潛意識在告訴妳：

沒有結果的事情，及時止損，妳的內心又在糾結，妳不求同行走，但又不想後悔。

究竟應該赴約呢？還是放棄呢？

掙扎又糾結的妳，其實無論妳怎麼選，妳都會有遺憾的，總之妳要記住，奔赴要能值得，放棄也要俐落，其實人這一輩子得不到就是常態。

遺憾是大多數的，不是妳該有的愛就不會來，而愛而不得呢，也是一種體驗，這些體驗都在告訴我們，要好好的享受當下，要好好的愛自己。

同時，自己就不怕沒人愛，多一點自信，就夠了。

只有妳自己才是屬於妳自己的。

> 14

希望妳在壓力下釋懷，要有敢於被討厭的勇氣，不被別人的三言兩語所左右。

我們永遠都是自由的，不應該被聲音束縛住自己，有人緊握著妳的雙手，也可能會鬆開妳的雙手。

有人給妳承諾，就會有失望。這個世界有太多的聲音，有城市在說、現實在說，過往的人也在說。

這些話，妳都可以聆聽，但是不可以被淹沒，澆花的人不一定每天都有空，但是花沒有水的話，會自己想辦法吸取水，來養活自己。

其實我想表達的，不只是花。而是我們，真的要對自己自私一點。

15

妳告訴我，妳處於焦慮與不安的生活裡，害怕努力而失去，害怕找不到自己。

妳有沒有發現人長大以後，我們每個人對於理想生活的定義是不一樣的，我們每個人經歷也都不同，也會遇到不一樣的人和事物。

所以，每一個人對於想要的生活，自然就不會是一個統一的答案，要理解和別人的想法都會不一致，也要尊重別人的選擇。

我們在努力變好的過程中，生活也會讓我們付出某種代價，生活裡給我們的回饋，每一個人想要的東西都不一樣，捨棄的東西也自然不一樣。

只要凡事無愧於心，就沒有什麼好遺憾的。

只管好好愛自己，努力去過妳想要的生活，而最後這個，優秀的就是妳自己。

其他的，就交給時間吧！

16

愛情總是十有九悲，遺憾固然也在所難免，但相比分開的那一刻和妳那些共同經歷過的點點滴滴，以及在那段感情裡，妳付出了全部的自己，會更讓妳難以承受，但感情有時也像在路上開車一樣，當妳錯過某處的風景，妳可以從後視鏡裡往回看，但沒必要往回走，因為逆行需要負全責，如果妳實在無法放下，那就把所有的不捨和想念都交給時間吧，當妳走得足夠遠時，早晚有一天妳會發現，那些遺憾的人和事物或許妳早就已經淡忘了。

每年夏天的風都是那麼的熱情，秋天的風也會一樣綿長。

它們都會溫柔的化解，所有的意難平，只要妳願意。

› **17**

活得累的往往都是懂事的人，因為妳太在乎別人了，凡事妳都習慣先考慮別人的感受和情緒，總覺得別人、家人舒服妳才踏實。

久而久之後，妳會忽略了自己，給別人、家人形成了一種妳很懂事、妳行、妳可以看得開的認知。

凡事給他人、家人一種妳都不會計較的錯覺，其實這樣所謂的懂事&樣樣行，真的會很累。妳知道嗎？為什麼愛哭愛鬧的孩子，才有糖吃？不哭不鬧的孩子，卻沒有人疼？因為大家都覺得妳很好，不需在乎、不需關心妳。

如果可以，希望妳可以做自己，而不是那個懂事&樣樣行的人。

因為在這個世界上，自己才是值得被重視的，自己才是永遠最重要的。

▶ 18

我知道妳現在一定很難過，他能在這段感情中傷妳這麼深，那他一定也曾經帶過給妳極致的快樂。

其實男生的心思很簡單，如果他能夠忍住不聯繫妳，那就是他在權衡利弊之後，覺得或許沒有妳，他可以過得更好，沒有例外。只要他有那麼一刻的想法，想毅然決然的放棄妳，那麼在這一刻他就永遠不值得妳去原諒。

女孩子失戀後，一定要忍得住，當死纏爛打時，實在太難看了。

妳總不能因為一個不再愛妳的人，永遠放棄自己生活中最重要的美好人事物吧！

即使妳再難受，也要平靜，再思索一切人事物的源頭。

時間，可以治癒一切的，加油！

> 19

豐富的心靈花園，住滿了各式各樣的動物（奇特的）。

妳說全部都屬於妳的，是妳養的，妳的生命之屋卻躲蓋在妳的生命之樹之上，樹屋。

妳豐富的生活形態、繁瑣的人事物，百般的無奈委屈，是嗎？

有沒有想過妳為什麼會累？

現實社會生活裡需要扮演許多角色，理想和現實，存在一定的差距。

但是不能全用金錢來做買賣的，每當達不到妳想要的時候，妳又會常常責怪自己，無論是工作還是情感，妳會再輕易的去做買賣成交以及討好他人的動作。

妳的博愛，常讓妳覺得，為什麼自己已經努力那麼久，卻無法看到自己滿意的結果，覺得無奈、覺得遺憾、無力感。

妳的內在是個空盒子嗎？不是的。

是妳沒找到妳自己的問題所在，果實強摘是不甜的，成熟的果實需要時間與改變。

錯不在於妳，生活不可能處處如意，它會留下一個小小缺口，是為了要提醒妳。

讓妳更加珍惜今後所擁有的，過去的就讓它過去吧，只要給自己新的機會，就可擁抱嶄新的自己。

> **20**

當妳用盡全力去喜歡一個人，卻只得到一點點的回應，妳就必須設定一個停損點。

放棄一個不愛妳的人並不可惜，妳花出去的時間也是有意義的。

因為經歷一次失敗的經驗，妳更清楚妳要的幸福是什麼模樣，什麼對妳更適合、什麼是妳不要的。

那下一次妳更能提高妳過濾的能力。

如果一段關係沒有讓妳的生活變得更好，沒有讓妳變得更漂亮、更樂觀、更愛笑。反而多數時間在苦惱，擔心冒犯對方，一切都是小心翼翼的，不安的時間要是佔據妳大多數，那真的就沒有理由再繼續了。

值得妳付出的感情一定是雙向奔赴，不會讓妳花好多時間，在等對方的回應。

對的人是，妳跟他說話時總是會獲得能量，他是一個會鼓勵妳的、會讚美妳的，給妳支持的人。

那，錯的人，他會錯亂妳的愛情觀，妳總是在想我哪裡有問題，卻怎麼想都想不透，愛情沒有對錯的，只有觀念相同或觀念不同，舉例來說，劈腿是錯的，但如果兩個人都認同劈腿，那這段關係就沒有問題，它是開放式關係，但如果其中一方不認同，那就有問題。

愛情沒有對錯，只有妳們兩個是否互相認同，所以如果妳還在痛苦中，就該好好放下，暫時單身也很好，單身並不孤單，真正的孤單，是明明在一起心卻不在一起，那才是真正的孤單。

讓自己花一些時間好好的生活，去等待未來的那個願意和妳互相理解的人，他也正在人海裡等著妳。

有一天他會找到妳，單身並不孤單，愛著不理解妳的人才是孤單。

> 21

有人會傷害妳、評價妳，妳說妳不會怎麼樣，雖然妳說自己是人間清醒之人。但未必妳是真的清醒的，因為真正清醒之人，都正在努力過活屬於自己平靜的生活。

而妳整天還在抱怨老天爺對妳不公平的種種，這樣是清醒的嗎？老天爺給每個人時間都是公平的，清醒不是嘴說的是。

其實每一個人在面對自己的人生時，不管是生活、感情、婚姻或者其他的，都會經歷過一些失敗與懊惱的過程，但比起悔恨或者是遺憾，還不如坦誠面對和接受一切。

失敗的經歷和任何傷害過妳的人，都是草船借來的箭，等東風再吹來的時候，妳再看看結果會怎樣，腳下有陰影，那是因為，妳已面朝太陽，既然前面有太陽照耀著妳，又何必再回頭去看身後的陰影呢？

> 22

愛與珍惜，在乎妳的人，才會照顧妳的情緒。

愛妳的人才會與妳共悲喜，總有人嫌妳不夠好，也有人覺得妳哪裡都好。

妳不用踮起腳尖，愛妳的人會自動彎腰的，如果真心，錢算什麼？如果在乎，時間算什麼？如果真愛，年齡算什麼？

一輩子很長，恰到好處的喜歡和偏愛最舒服，不用多好，妳喜歡就好。

他沒有很好，妳不嫌棄就好。

結束只是一分鐘就可以做到的事情，互相珍惜才是一輩子的疼惜。

> **23**

人生有太多的不容易，永遠無法預知明天又會有什麼風雨，但生活還是要繼續，再難也要走下去。

就像，突然被黑暗籠罩在光景裡，妳想看到光時，妳必須步履不停。

只有堅持前行，不停下腳步，才有可能遇見希望與轉機。

越是痛苦的時候，越要懂得自己拯救自己。

困難靠自己解決，才能成長，錢靠自己賺，才有面對生活的底氣，家庭靠自己經營，才能幸福美滿。

妳有多努力，人生就有多精彩。

最終決定自己能過上怎麼樣的生活，都是自己的選擇。

請妳要更相信，當熬過長夜，必定是黎明的到來。

妳的人生也終將變的更美好而閃耀，不好聽的話就不聽了，不愉快的事情也會慢慢過去的。

我知道妳正在趕往最好的路上，妳真的有在努力，別忘了跟自己說聲辛苦了，我是最棒的。

經過一年的調整，今日妳再次探訪妳的元辰宮，妳更了解自己的內在。

恭喜妳，妳的生命拼圖，拼得越來越完整唷！

24

與其找妳愛的人，不如找一個愛妳的人。

因為妳愛的人隨時會離開妳，而愛妳的人永遠不會離開妳。

何為靈魂伴侶？

時間是可確認的，真正的愛不是改變對方，而是修正和完善彼此之間的思維與觀念。

一起成長，讓自己變得比以前更好。

兩個人在一起是輕鬆快樂的，是沒有壓力的。

一個願意講，一個願意聽，喋喋不休兩不生厭。

好的伴侶都是彼此精神上的導師、事業上的幫手，開心的時候是玩伴，失敗的時候是後盾，既是情侶，也是朋友，是知己，也是家人。

25

妳說，這輩子最後悔的事情，就是沒有好好考慮和選擇就結婚了。

沒有找到那個知冷、知熱，心疼妳的人。

妳說，妳把青春當了，換來的是柴米油鹽，嘗盡了酸甜苦辣。

妳說，妳為了自己年少無知，買了最貴單。

妳是最棒的，妳不是超人，妳只是一個長大的孩子，不要再在乎別人的看法，順著妳自己的心。

跨過，妳正想要邁進的方向。

加油喔！

26

人生從來不是一帆風順的，總要面對迷茫和挫折，也會遭遇人生的低谷。

挫折會來，也會過去的，別氣餒，耐心一點，給好運一點時間，要相信，每一件事的最後都會是好事。

在生命之屋&心靈花園裡，妳所探索到自己的世界裡存著困惑與煩惱，好與壞。

妳只要懂得心念、心態一轉，妳將會成為最好的，一定要多對自己說，沒問題，我真的很棒，今天也很美。

當妳發自內心去肯定自己時，多給自己稱讚的力量，那麼全世界都會為妳讓路的。

相信力量，力量真的很強大。

❯ 27

女人就像一本書。

封面要漂亮，內容更要精彩，一個女人最好的狀態，偶爾化個淡妝，穿上自己喜歡的衣服，不去羨慕誰，也不去嘲笑誰，也不依賴誰，自信的把自己活成別人高攀不起的樣子。

當等妳老了那一天，回憶看看今天的一切，妳會發現其實妳做對了。

妳能夠在浪費時間當中活的特別的快樂，這就不叫浪費時間，幸福的方式其實有很多種。

但是生活最好的方式只有一種，就是以自己喜歡的方式，去過最好的當下。

畢竟，我們永遠都想不到未來是什麼樣子。

當下就是最美。

28

別讓尊嚴去追一個不愛你的人。

別拿時間去等待不屬於你的情，因為愛是雙向道不是單行道。

她人一轉身就回到正常的生活，而你卻連回去的路都找不到，深不過真情，涼不過人心。

最後，你會發現，你所有的付出都輸給了一廂情願。

今日在生命之屋&心靈花園裡，你深深的清楚探索到自己的無能為力與匱乏。

既然是生活，就免不了酸甜苦辣，既然是人生，就免不了人情冷暖，人生百味，誰能不累呢？

願你能再以不同的生活方式，來奔赴你不同的未來人生喔！

求而不得未必是遺憾，宇宙是公平的，祂會不知不覺的送上最好的禮物給我們的。

加油囉！

29

如果妳愛他，那就好好跟他在一起，不要總是去想一些不好的事情，擔心害怕未來會怎麼樣。

有些事情該發生的總是會發生，妳也控制不了，而那些沒有發生的事情，妳也不用去糾結，它除了會影響妳的心情之外，對你們倆的關係一點都沒有好處。

如果妳愛他，那妳就不要去害怕結局，與其擔心這、擔心那，那還不如過好當下，好好和他在一起。

如果妳們互相付出是真心，那一定是一個美好的結局。

在一段健康的戀愛關係中，兩個人是必須要懂得相互服軟的。

世界沒有天生就是合適的兩個人，只不過是一個比較懂包容和遷就，另一個人懂得適可而止。

妳的生命之屋&心靈花園裡，臥室裡呈現許多看似完美無缺美好的擺設，也是呈現出妳的原則、規則大於妳對他的愛。

愛與婚姻也是需要互相經營的喔！

祝福妳。

> 30

在感情裡，最心酸的女人，不是那種傻呼呼一頭栽進去的小女生。

而是那一種，明知不可為而為之的清醒沉淪的女人。

其實妳一點都不傻，妳明白他在耍哪些手段。

妳都懂的，妳甚至可以在一開始的時候就可預感到他的作為。

妳明白他是不是對的人。

可是沒辦法，妳就是愛了他，明知不可為而為之。

是妳對你們這段感情，最大的珍惜與愛護。

願妳在愛情中別再迷失了自己，先尊重自己，他人才會尊重妳。

加油喔！

探索之路與調整

努力成為更好的自己

人的個性並非一成不變，是可塑性的發展。

也許自己的個性本質會維持現狀，但行為和能力還是有可塑性的，一個害羞的人也會變得很勇敢的面對，可以站上台演講演說，甚至也可以成為知名的演說家。一個個性內向的人，要是想成為演說家時，會突破，個性雖然是內向，但不會因為自己害羞而內向不敢上台，換句話來說，雖然有內向的個性，卻克服了內向的限制，戰勝了自己個性的缺陷，保持了優點。個性是天生的，也是後天可塑成的，個性可以一輩子都不變，也可以透過自己的努力而有所改變。我們先天的個性、素質、習慣只是奠定了基礎，人的一生總是很長，每個人的人生態度也有所不同，你可以選擇每個時刻都保持著以開始為起點。

在我讀國中的時候，記得我的化學老師問過我畢業後出社會想做些什麼？你的夢想是什麼？當時內向含

蓄的我只微笑的點頭，並沒有回應任何一句話。即使多年後我長大成年了，我也從來沒有想過我的夢想，我要去做什麼，而我要成為怎樣的人。日子過了，我竟然已經成為金錢的奴隸，當然，在當金錢奴隸時，我也獲得我的事業版圖，在某一天我和一位企業家談起各自的創業經歷過程，當時他問我，你感到幸福嗎？我聽到這句話，我一秒鐘都沒有猶豫立刻回答：沒有。在別人看來我的工作已經相當不錯了，但實際上我一點都不覺得幸福，我是錢的奴隸，所有並不是我想要的生活，我只是一直在追求社會對我的觀感，追求穩定的經濟收入，追求別人給的肯定，卻從來沒有真正觀照自己的內心，久而久之我內心變得極度的空虛，為了填補自己空虛的內心世界，我完善模擬兩可的自我，只想成為事業有成的成就之人，許多外在的價值牢牢地控制了我的內心，一直無法填補我空蕩蕩的內心世界，對於我，當時工作只意味著賺錢，金錢已經讓我變得更像它，我覺得我會憑空捏造自我，最初我時時刻刻都在較勁我自己的生活，我一直在乎外界對我的看法，然而讓小雪團滾出大雪球，這樣的我怎麼可能獲得幸福和快樂呢？我下定決心尋找自己，找到自己的定位，最終清楚的知道自己該去哪兒。

我想我需要的並非一張寫著自己各種頭銜的名片，而是要成為一個無需向任何人證明的自己，我該做自己

而不是成為別人。自己的未來想要成為怎樣的人，那就努力去成為那樣的人，無需為自己去定性與偏見，只管向著自己最喜歡的樣子去努力，雖然努力不一定有所回報，但努力的過程一定會讓自己成為更好的自己，不要質疑自己的付出，先找到自己認為有價值的未來。每一點一滴的心血都是在為未來的你鋪路，邁向前進並讓自己成為更優秀的人，世界上沒有永遠的巔峰也沒有永遠的低谷，真正的強大不是你選擇來忘記而是要去接納允許所有的困惑與不安，調整好自己的狀態，找到前進的力量，成為最好的自己。

人生最可貴的兩個詞一個叫做認真，一個叫做堅持，認真的人可改變自己，堅持的人可改變生活，我相信，無論你天生是什麼個性、特質，只要了解自己的特性與存在，再透過有意識的行為去蕪存菁，你就一定能成為最好的自己。

天生的個性就讓後天的努力來扭轉自己的命運吧！

—— 主題 *2* ——

沒有不散的宴席

也許所謂「不散」的朋友是那些我們付出正合對方心意的人，他們和我們對友誼有著同樣的追求，這時你就會認為就是好朋友。假如對方並非如此，也不一定就是個「壞朋友」，他們只是跟你合不來罷了。

一樣的，不要讓別人把你變成和他們理想中朋友之間的相處去比較，更別成為他人生活上的劇本，如果對方始終用自創的那套標準來衡量你，你永遠不可能滿足他們嚴苛的要求，你無法和一個總以自己的態度為批判標準的人建立起健康的友誼，也沒有責任需要去滿足任何對方對友誼以及所有人事物的需求，無論工作還是生活裡都不需要過度的好說話，比起謙讓，更需要形成一套自己的行事風格，並且發自內心的不要覺得任何事、任何問題都是你的責任，恰恰相反要讓身邊的人明白你的高低度，漸漸成為各自會選擇調整好自己的相對應，變換出一種能和你之間相處的模式和態度。

只要勇敢的面對友誼，做自己想做的那種朋友即可，畢竟用虛假的面貌去討好又被人挑剔，還不如以自己真正面目看待一切做自己，學習當發現一段友誼不適合自己時，只要願意就可以告別那份不快樂的友誼，讓自己繼續成長前進，當別人和你都有著不同的態度、感受時，也並不代表對方是背叛的，也或許他們所處的環境與你不同意見，他們可能對友誼沒有太多的想法與需求，這並不是你的問題，你只需重新調整尋找更適合自己的生活方式就可以，生活就像表演者一樣不斷的空缺、不斷的變化，你也可以讓自己像在客串演出電影中的角色一樣去變化，去接受友誼的易變性，反覆變動是不可避免的，當你內心再次感受到糾葛、扎心時，就不會再次覺得一切都是自己的責任，而且要知道天底下沒有不散的宴席，處得來就好好的相處，處不來就以祝福的心，祝福對方。

或許你正在感情路上跌跌撞撞還無法如願，也處在四面楚歌不知道路在何方，你也常在夢裡左奔右突，痛哭的過著深夜的慌恐、無助，處在焦慮之中。其實兩個人相愛就像兩個星球，會被各自的亮面所吸引，這時你會無時無刻表現最好的亮面呈現給對方，卻疏忽了黑暗面的到來，當過著……過著，你們互相就來到了必須用

回家吧！我的靈魂

黑暗面來面對雙方的軌道，而雙方卻不願意做出任何調整和包容來面對你們正處在磨合期的現階段，最後彼此之間的感情就慢慢的失去了，你不了解亮面和黑暗面真正存在的含義，最後讓所有一切後果不可收拾。你也不明白能感動人心的永遠不是語言，而是行動能始終如一的去互相尊重、互相包容，並不是虛偽的熱情，感情需要真誠的付出，才不會讓自己每當傷疤再次發酵時，就形成你給我距離，我會還你分寸，你不珍惜我，我還你不值的狀況，這樣的狀態慢慢的就會分割兩極，導致你和他之間最起碼的尊重也都沒了。在感情上沒有不散的宴席，只要明白感情傷痕的原處，你便能理解恐懼的緣起，當了解恐懼所在何處時，你便知曉心安可在何處。情感是私密的、是隱蔽的，也是心照不宣的，如同你情我願，過去你要是問我該怎樣理解感情，我會說「要有很多愛，也要有很多錢」。但現在你再問我，我的答案會是「要能與自我和解」，去接納它以及對自己負責，能讓自己幸福並不僅僅只靠自我獨立和經濟強大，而成就你的絕對是一份全然對自己的負責與擔當，勇敢的去接受與面對，不害怕失去，世界上沒有不散的宴席。宴席上真正的主角，是你自己。

人人都會抱怨遇人不淑，厭倦生活方式，抱怨老天爺的不公平。我也曾經跌跌撞撞，上下索求，辛苦經營，愛而不得，明白當時的自己是多麼的渺小，我們都以為不幸福是因為搞不定一個問題、一段關係，卻不知道那是因為我們搞不定自己，不敢面對自己的脆弱與缺憾，不敢正視自己渴望與不安，其實人生就是一場進行式的能量守恆，得失各半，任何事、任何感情，無論對錯輸贏，都是一種無可代替的，儘管自己多麼的愛他，終究愛而不得時也無法責怪任何對方，學習敢愛就敢當，提得起就得放的下。宇宙從來沒有賦予我們去佔有他人的一席之地啊……

生活形態其實是一直存在重疊再重疊的，像孩子一樣上一秒玩得很盡興，但下一秒未必會持續很久，也或許在我們共同的朋友之間互相介紹之下一拍即合，但短暫的交情，並非得要轉化成另一段關係去發展，而可以進行維護真實的友誼，當你想要擁有有意義的友誼時，即可在自己內在裡騰出一個空位來接納真心之人、知心之人，記得恰到就好。要是自己沒有結交新朋友的需求和渴望時，不必強求自己附和他人，只要隨時帶著微笑面對就好，保持平常心看待與他人之間的相處之道，不

必一定要成為知心人。或許你想與他人當好友，還不見得對方願意當你的朋友呢！以平常心看待朋友，看待身邊的人，要以自己為優先，就不會害怕下一秒會失去哪一位朋友、哪一位朋友會背叛你，你不用去糾葛，跟你同頻率的朋友自然會來到你的身邊，不同頻率的朋友也不必強留，就讓一切的人事物隨心吧！

　　切記，不必竭力去討好對方，不刻意去討好他人，雙方都能夠共同擁有取悅自己的生活方式與始終人事物還是如初不變的話，並能做到超越環境、時間、距離與克服所有的阻礙之後，還能自由自在，隨時隨地依舊如此記得電話那頭的朋友的話，這樣的友誼最難能可貴。

主題 *3*

尋找自我與自愛

　　我們從小的本能就只知道保持沉默比出聲抗議更明智，過去父母親的傳統教育與觀念，常用於壓迫與征服主宰著我們的心靈，恐懼與畏懼是我們每天的必修課，當下的評價標準是按照著自己保持沉默和順從的程度來面對的，在每次陷入斥罵的情境時，內心裡的恐懼就會不自主的保持沉默迎合他人情緒勒索的生活方式，也會常常不斷壓制內心真實的聲音，使自己越來越痛苦與真我脫節，一味的排斥、忽視自己內心真實的感受，只會讓自己越來越自欺欺人，這種自欺欺人雖然會有短暫的舒適感，也會隨著時間推移至讓自己越來越麻木，但當壓抑得越厲害，脫節自我意識就會越嚴重，很快的就會覺得自己所說、所想、所做的一切似乎已經不復存在，並脫節現實的生活圈，整個人也會陷入到焦慮和無助的漩渦裡，這時，懼怕的內在小孩就會不自主的和「自愛」漸行漸遠，「自愛」是一種重要的標誌，「自愛」是要能夠毫無畏懼，能坦然面對自己內心世界並以此為榮，毫不愧疚才是。

　　當我們屈服父母親的情緒教育與他人情感的情緒勒索時，只會讓我們變得謹小慎微啊……最好的辦法就是不再沉默，大膽地說出自己內心的聲音，常常很多人在外面的事業做了很好、很大膽，但是在人際關係上往往卻恰恰相反。我曾經也是一個常常隱藏真我的自己，任由自己戴上面具，我花了很多年才完全醒悟過來，我一次又一次的詆毀自己，一次又一次的壓制自己，一次又一次否定真實的內心，自己的壓力越來越大時，我會假裝一切如常，終於有一天我再也無法忍受扮演，後來一切都坍塌了……我想……（我的靈魂去哪兒了）。

　　我能寫關於《回家吧！我的靈魂》這一本書，是因為我自己也曾經走過那條荊棘之路，這麼多年來我一直在欺騙自己，所以，我明白要走出迷霧需要付出多大的努力，我不想讓女性姐妹們只去關注自己的痛苦。我想讓女性姐妹們能夠證明把痛苦轉化為力量是完全可能的。當自己掩蓋真相就是在向真實的自己宣戰，當自己選擇視而不見，事實上是不會有任何改變的，必須要認知到這一點，否則自己只會一次又一次的重蹈覆轍，一切的發生本身就是不可能阻擋它，害怕這樣，不害怕也這樣。所以選擇讓它過去、不去跟它計較，真正的強大不是忘記，而是接受，接受世事無常、接受孤獨挫敗、接受突如其來的無力感、接受自己的不完美、接受困惑與不安、焦慮和遺憾，無論什麼時候都應該把大部分的

時間放在提升自己的身上，剩下的就順其自然，對任何人不抱有過分的期待，沒有期待就一定不會有失望，當能得到時就當驚喜得到，當得不到時也是常態。

我們常為了息事寧人，而任由情緒勒索行為在生活上繼續上演，實際上就是在任由自己陷入永恆的困惑，當你沒有真實自我的生活態度時永遠不會獲得平靜，只有誠實接納自己、接納生活允許一切才能擁有更多自由的平靜，只要你自己願意表達真實的感受，並且真正行動起來時，「自愛」的種子，就會生根發芽、枝繁葉茂，先尊重自己和接納自己內心的感受就是自愛。你可以對過去的觀念思維發出自己的心聲，可以不要太乖，不想做的事直接拒絕，做不到的事就不用太勉強，不喜歡的話可以假裝沒聽見，你的人生不是用來討好別人的，而是要善待自己，一輩子很短，煩惱是一天，開心也是一天，簡單一點，糊塗一點，快樂一點，在風雨裡做個大人，陽光裡做個小朋友，偶爾一定要懂得把心情和脾氣調整為靜音模式，這就是在為自己爭取更多的空間，讓所有的你能快樂的傾聽自己的聲音，感受自己的真實感受，甚至說出自己的恐懼和失敗，壓力就能獲得釋放，再也不會感到孤立無援來壓抑自己的情緒，你只需要多關注自己內心世界和身體的感受，那你內心就會充滿活力與踏實感，只有你自己才能解開自由的鑰匙。

　　每個人的「自我」都可以同時扮演多種角色，有時候你在這裡扮演一種角色，到那裡又要扮演另一種角色，你會跟著當下的情形隨波逐流，挑選一副假自我的面具戴起來，扮演起自己當下的角色，往往會去批判這個「自我」，也會去預測自我的發展方式，而都是自己的本能反應選擇當下順其自然扮起。一旦你的潛意識、意識告訴這個虛假的「自我」，正在代替你扮演著各種角色時，你必將用盡全力協助自己，去尋求內在的力量，去內求，不再外求，弄明白過去到底是哪一種傷痛激活了這種「自我」，來導致自己的怯懦和畏懼。或許你會想起童年的不幸和恐懼的體驗，害怕自己不夠好，害怕得不到關注、關愛和認可，過去的你會意識到那個「自我」，其實當時出現只是在保護童年的你，免於恐懼與不安。而那個虛假的「自我」往往會陪伴著你一起成長，現在只要明白過去的經驗都是虛假的「自我」，而它只有在你潛意識陰影下才能茁壯成長，當你更明白這所有一切時，你就不會再讓「假自我」繼續在你的潛意識裡打轉，請告訴自己，現在的我已經長大了，你再也無法影響到我了，我是我，自己的主人。

　　一個女性勇敢的說出真相，說出自己多年來忍受的痛苦之後，自然就會跳出恐懼的泥沼解救自己，並能解

脫一切，會去擁抱另一種全新情感，去熱愛自己，學習告訴自己我愛我自己，我說的話值得被人傾聽，過去的一切並不代表真正的我，我相信自己內心的聲音。我鼓起勇氣擺脫恐懼，擁抱自己，講述自己的故事，是想讓我們彼此之間能互相傾聽，能感同身受到你、我的內心深處觸發著一股融合的聲音，真實的內在「自我」，也會覺得自己有前所未有的心情。它會讓你我一直不斷出現，整理經驗連貫起來，鼓起勇氣為自己打氣，為所有的女性發出心聲，這股力量將自助、助人解放自我，並清掃自己的道路，也願所有的女性朋友們能聽到自己內在的聲音，最有力的看見莫過於看得見自己，曾經如此期盼外界的認可，到最後才知道，世界是自己的，與他人無關係，生命的前半輩子或許屬於別人的，活在別人的認可當中裡，請後半輩子還給自己，去追隨自己內在的聲音吧。

當你以本真的態度去生活時，其他人也會受到你的鼓勵去效仿自己，明白不再恐懼，才能真正的愛自己，就讓自己一步一步開始去表達「自我」。當然需要更多勇氣、更多時間，因為你還不習慣聽自己說真話，可以先向親近的人表達自己的心聲，讓自己有更好的感受與了解自己心靈的存在。這種下意識並不是被動的，只需檢視自己內心的想法，弄清楚它是如何造成自己的生活型態與如何影響自己的情緒，往往許多都是因為反應過

度的溝通和認知差距的問題，在你更了解自己差異不相同之後，你才會改變自己懵懂的想法，懵懂意識形態就會漸漸覺醒與覺知。只有足夠努力，才會有足夠幸運，想要得到這世界上最好的東西，你得讓世界先看到你最好的自己，你不一定要逆風翻盤，但一定要向陽而生，努力學習的過程雖然很難，但如果不努力就會一直更難，造船的目的，從來不是只想停在港灣，而是當遇到衝擊風浪時，還可以穩坐泰山，不要一直沉溺在安逸裡過得過且過的日子，在遮風擋雨的屋簷裡同樣也會讓你不見天日的，只有讓自己強大才能不懼風雨的洗禮，才能撐起一片天空。沒有誰的幸運是憑空而來的，所謂的好運不過是機會遇到努力的你，不是每個人都能成為自己想要的樣子，但是每個人都可以努力成為自己想要的樣子，相信你自己，能作繭自縛就能破繭成蝶。

人生就是一場自我完善的修行，苦難與折磨都是磨練，所有的經歷無論悲與喜，都是為了塑造更加完美的自己在努力，最幸福的日子不是活得像別人而是努力活得像自己。

云釩老師常對我說：先愛自己把自己調整到最好，才有力量去愛他人。

（一樣的，我也想轉送給你們這句有力量的話。）

主題 *4*

不可能轉換爲可能

蛹在變成美麗蝴蝶之前需要經歷一些痛苦而漫長的過程，這個過程是蛻變，從一種「不可愛」的人事物變成了另一種「可愛」的人事物，只有不斷的蛻變才能成為最美麗、最可愛的自己。

以下是我自己的經驗，我認為一個人無論現在是多大的年齡，其實真正的人生之旅，是從沒有設定目標那一刻開始，以前的日子只不過是在繞圈子而已，想要獲得「可能」就必須要有一個清晰明確的目標。然而，在現實五彩繽紛的世界裡，任何人都不可能只擁有「可能」也不可能只擁有「不可能」，其實，可能和不可能是在同一軌跡上，就像成功和失敗像一對孿生姐妹總是相伴而生。

人的一生，說到底，就是成功和失敗之間在盪鞦韆。想邁向成功的道路一定都不可能是平坦的，那就不要因懼怕而逃避失敗，雖然，人的一生也會有失敗的經

歷，往往不遇到挫折以及幾次大失敗，就不可能體會到
真正的生活以及人生的價值觀。當你遇到失敗就退避三
舍，就會陷入更大的失敗及苦悶之中，永遠看不到成功
的曙光，而當你勇敢站出來的面對、迎接它時，只要你
在跌倒處再次爬起來，抬起頭來，挺起胸膛，繼續努力
拼搏爭取，你就會驚訝的發現自己在不可能當中突破了
許多瓶頸，再次看到自己的不可能任務，卻能完成自己
可能的夢想，收獲成功的肥沃土壤。

　　人生應該像追求成功一樣去面對失敗，不要為昨
天的失敗而後悔莫及，也不要為明天是否能成功而憂心
忡忡，讓失敗中記取經驗的不足，轉換為存在寶貴生命
經驗中過程的力量，這時你會再獲得更多的啟發種子，
當失敗再降臨時，只要你不再退縮，拼盡全力去克服，
就會發現自己的能力又再次提升，獲得增長。努力生活
是為了擁抱更大的世界，看更美的風景，邂逅更好的自
己，山南北水，朝露清風，一切皆在變，一切亦恆常。

　　常常會有人對你說，你要明白「懂」。「懂」是一
座橋樑，能讓人與人之間的心靈溝通，「懂」是一種自
我理解，明白他人的欲言又止，「懂」更是一種感受，
體諒、知曉他人的言外之意。一個「懂」字說起來很簡
單，做起來卻很不容易，往往會說的人總是能做到的又
有多少呢？失敗是成功之母，也是增長放緩速度穩定成

長的最佳途徑，「不可能和可能」是自己選擇的，它沒有輸贏，只有值不值在你內心深處讓你自己去經歷一切對人事物的執著與定位，自己學到的知識不要輕易錯過，也不要隨意辜負你自己的選擇，成功的背後並不是所有事物都能刻意去安排或者周密的計劃，很多成功的事實背後其實都是在逆境中產生的，因為你不得不走這條路，不得不走下去，沒有其他的選擇，當然在逆境中也會有消極的態度和積極的態度，先讓自己找到定位再去看待，思考後，再由後者產生的堅定意志、信念和不懈努力去奮鬥成功的過程，過程中必定會很艱苦，但艱苦當中也相當於享受人生的價值，這時的你，也就能有真實的存在感和價值感，並把不可能轉換為可能去享受一切的豐盛。

　　如果自己還總認為不能正確對待挫折和失敗，代表你內心深處還是充滿自卑心理，你只要正確認識自己，去面對、看待他人和你一樣的人事物，你就會感覺自己沒有那麼差，或許當下是你自己的感覺狀態不是最佳的時機，因為是你太在乎他人的看法和想法，而他人的看法和想法往往都只是存在片面性卻引起你不必要的自卑感。你不能一遇到困難就退縮，或許你已努力過，但是人的一生中會遇到許多挫折與困難是難免的，你必須想盡辦法去克服它才能獲得幸福。一個人要正確認識自己

與他人性格之間的差異，其實是兩回事，先了解自己的性格優勢與不足，要學會揚長避短，這樣就有助於自己有更多獨特的自信心，自己要不斷變化的發展，不斷的更新，了解對自己的認知與覺知才能使自己變得更好、更完美，給自己鼓勵，只要有心理準備就不會為一點困難就退縮，就能充滿信心完成自己的任務。只要你能克服自卑心、樹立自信心，那什麼困難就都能克服，什麼事都難不了你的。雖然一生中常會遇到種種各樣的失敗和挫折，也會相對應產生各種各樣的負面情緒，只有自己認識到通透的自己，才能達到心靈上的真正平靜。把不可能轉換為可能，把不可愛轉換為可愛，勇敢的去突破所有一切的關卡。

　　自信是一種動力，它可以推動你去做別人認為不可能成功的事情，自信並不在乎你是如何優秀的人，也不在乎你自我感覺如何，而在於你是否有採取明確的行動來使生活中的問題得到解決的才智。時間不一定能證明很多人事物，但一定會讓你看到很多現實社會的人事物，當你來到一定年齡，不是心態變老而是你看透人心，而你的自信來自於明白心裡的覺知，所有人事物你看破在眼裡，心碎雖在你心裡你卻還能咧嘴笑時，證明你已懂得尊重別人的選擇，看待事情的樂觀和愛，這才是真正你我生活中的解藥。

生命本身就是一種挑戰，即使自己有缺陷，只要不認輸，肯努力去證明自己有某方面的本領，就一定能獲得成功，成功並不像你想像那麼難，你可以消沉，也可以抱怨，甚至可以崩潰，但不能喪失自癒的能力，要及時止損，你不一定要贏，但絕不能輸給過去的錯誤和愚蠢，雖然生活順境是一種機遇，你要去珍惜，但有時逆境更是一種機遇的人生起點，究竟是順境還是逆境才是求生本能呢？一切都和你的思維息息相關，積極的自我暗示力量是很強大的，當你樂觀告訴自己沒事的、沒有問題的話，從內心深處給予自己的勇氣與信心，十足的喊話，就會有一股力量由內而外散發出來形成正向能量磁場，磁場的小宇宙會讓全世界為你帶來更多勇氣，整個大宇宙都會為你吸引到意想不到的美好和驚喜。

生活一半是美的一半是發現的，用心去喜歡、用心去堅持守候它，平底鞋給不了高跟鞋的驕傲，高跟鞋給不了平底鞋的安全感，你不用去羨慕別人，適合自己的才是最好的，人生就是一場馬拉松，每個人的歷程故事都不一樣的，只要你還在路上努力前進，放慢一點也無妨，別想太多，好好的生活，把不可能轉換為可能，日子過著過著就自然會有答案，努力，走著走著就會溫柔的對待自己。

主題 5
自私點別讓自己受傷

　　一生中，總會遇到一些不願意去面對的事情，害怕會帶來身心疲憊與煎熬，會讓自己像受傷的小袋鼠一樣，想逃回母親溫暖的口袋裡。

　　為何你總是會受傷，總是覺得人生一塌糊塗，你仔細回想一下，因為你害怕產生矛盾和糾紛，所以不敢理直氣壯的拒絕對方的要求，因為害怕一味堅持自己的主張會讓人覺得你自己不懂禮數，害怕自己表現的不夠親切會讓別人感到反感，更害怕會給他人造成負擔，所以你不敢提任何要求，怕影響別人既定的行程，你連取消約會的勇氣都沒有，你不敢說：不行、我辦不到、我做不到、不可能、太難了之類的話語。相反的你會告訴他人說我會盡全力、我會努力完成任務、我會做得很好，不願意把話說得太生硬、太難聽，可是所有事情發展並不一定會如你所願。同理，當你遇到困難卻得不到外界的援助時，你會埋怨別人不懂知恩圖報，只知道利

用你，結果發現許多人事物都是你自己大包大攬的，是你自己招來的，後來，遇到不愉快的事物就會後悔莫及，你只能自己孤獨自舔傷口，絕對沒有人會為你的傷口敷上良藥的。請你自私一點，不要再做濫好人、虛偽的人。

要知道，憤怒與受傷、背叛與疏離等的情感並不是在被人忽視時才會產生的，只有在你以為他人會支持你、他人能關照你，你依賴的對象卻對你漠不關心時你才會感受到受傷，不要認為自己付出任何事物時，對方也應該有相對的回報，當你有所期待而期望落空時，往往是最痛苦的，只有自己懂得愛自己才會被別人尊重，才會被人愛，不要委曲求全，更不要放下自己的尊嚴去討好被愛，你要成為驕傲的自己，不卑不亢，高傲且善良，自愛且樂觀開朗的人，並要自主不懼怕孤獨，更不能自我拋棄自己，愛自己絕對不是自私的，是堅強的、是獨立的、是應該的。你不先愛自己誰會來愛你呢？

人與人之間的交往都有固定模式，得到過的人會一直索取，付出過的人會不斷失去。如果對你來說拒絕別人是一件很難的事，那麼至少要記住，學會沉默、自私一點，不讓自己先受傷，如果真的不想給對方造成困惑或誤會，那麼，你最少應該要做到學會如何一次一句精準地表達自己的想法，不把他人的問題強加在自己身

上，你就能將誤會的幅度降低到自己不受傷，不再把自己的能量耗費在迎合他人身上，就能合理接受自己。你知道嗎？當你的腳被你的鞋磨出水泡時，你還捨不得丟掉它，說明你還很喜歡它，有一天這個水泡讓你日夜疼痛難耐，你才會發現，這樣的堅持是多麼的不值得、多麼的傻，因為這雙鞋從來都沒有心疼過你的腳，善良的你，付出時要懂得給對的人和值得疼惜你的人，勇敢的去拒絕不正當的人事物、惡意中傷你的人事物，真的真的要保護好自己的生活型態、生活品質與生活的價值。

　　真正的朋友不是在你困難時施以援手的人，現在現實的社會，當你遇到困難時絕對沒有人會施以援手的，何來真正的朋友呢？只有，當你飛黃騰達時，能真心祝福你，能為你感到高興的朋友而已。沒錯，人的內心確實會存在一些消極的想法，很容易對他人產生憐憫、同情、惻隱之心，卻無法輕易擺脫羨慕和嫉妒的心理，當你對某人付出了全部的熱情時，你卻只得到冷落和痛苦的對待，那麼你就沒有必要這樣糾纏著不放。老鼠從來不會認為自己吃東西是偷來的，蒼蠅也不覺得自己髒，蝙蝠也不覺得自己有毒，抽煙的人聞不到自己身上的煙味，畢竟在烏鴉的世界裡天鵝也有罪，是對方推開了你的善意，而不是你忽視了他們，錯的不是你，而是他們不懂感恩，不懂珍惜，思想不在一個高度，沒有必要去征服對方，不信佛的，寺廟裡也從不缺上香的人，他人

的腦袋裝些什麼你管不了的，你只要管好自己的腦袋就好，別再讓他人來傷害你，自私兩個字你會寫吧？

　　所有的隧道都有盡頭，再長的隧道裡都不會永無止境，雖然想走到盡頭也沒那麼容易，當你在隧道裡時就應該允許接受黑暗，接受人性尊嚴的考驗，別把自己變成一個枷鎖，必需要讓自己成為開啟自由的鑰匙。偶爾自私一點也無妨，偶爾忘掉對方的期待也無妨，拒絕一次也無妨，有時候被罵又有何妨，善良的你，若因你只一點點改變，他人就背身離你去，那你就要更清楚，即便他們現在不走，將來也會離開你，有一句話說：「我不如很多人，當然很多人也不如我，大風颳倒梧桐樹，自有旁人論長短，你所見皆是我，好與壞我都不反駁，我做好我的，你過好你的，你不用理解我，咱各過各的路。」請不要讓自己再單方面的付出、單方面的受傷，不要再期待對方會給予你愛和擁抱，自私一點，別讓自己受傷。

　　人的大腦習慣於追逐熟悉的事物，假如你不尊重自己那麼誰會尊重你呢？假如你不珍惜自己那麼誰會珍惜你呢？請你擺脫現狀的人事物，去擁有不同領域的人生，請你停止對自己的自責和否定，痛苦是別人射向你的第一箭，你不必要去討好所有的人。不妨換個角度

去看待其他的問題，選擇消除自己善良的強迫症，雖然你善良的強迫症並不是缺點，或許它也有助於你成長的過程，但是你要先調整好自己的心態，學會降低自己想被他人的認可與要求的慾望，去觀察自己內心的真正慾望，「拒絕」並不是壞事，為了保持人與人之間關係的穩定，「拒絕」是必不可少的一種溝通方式，「拒絕」是在保護你自己別讓自己再次受傷。

　　能夠擁有最多的是自己贈予自己的。

別為難自己

　　生活中總是會有苦惱的，有時苦惱不是因為自己獲得多少、擁有多少，而是因為自己想得到更多，卻沒有認知到自己的能力，所以就不可能會達到自己的目標，而感到失望與不滿，然後就會自己折磨自己，也會經常對自己說「太笨」「不爭氣」，跟自己過不去，更糟糕的是你會再與自己較勁。

　　其實，靜下心來仔細想想，並不是你的能力不強，恰恰是因為你的願景不切實際，要相信自己是具有智慧，擁有能做到種種事物的才能，而不是強求自己去做一些能力不及的事情，世界上任何事情都有一個限度，當你超過自己能力限度時，再多美好的事物也會變成極其荒謬絕倫，你應該時常肯定自己，盡力而為去發展自己能力上能夠發展的機遇。剩下的就安心交給老天爺去安排，凡事都別跟自己過不去，每個人都會有一樣的或那樣不同的缺陷，世界上沒有完美的人，也沒有百分之百可以讓你心想事成的事物，只有不為難自己去強求不

切實際的事物，盡力去創造屬於自己能力可及的事物，「笨」字絕對不會用在自己身上的。這就是力量。

　　生命中有很多事情，是自己一下子做不到而已，當你做不到的時候就不要去為難自己，許多人的通病都是總愛為難自己，你一定要做到不為難自己。人，貴在不為難自己，以自己的能力去做任何值得的事情，由自己來決定任何事情，才能獲得真正成就價值的喜悅，不管任何時候你都不必刻意去迎合他人，更不要為難自己，也不要嫌棄自己的步伐太小或太慢，穩住自己的步伐，守住初心，面對生活、面對工作、面對困難、面對問題，當你越是著急、浮躁時，往往越是需要靜下來穩住自己的心態，要告訴自己沉穩下心來，穩一點，再穩一點，只要再變好，慢一點也無妨，每一個人的接受程度都不同，不必追著別人的腳步，只要去安排自己的生活。重要的是每一小步也都是你自己所選擇面對未來的步伐，別為難自己，勇敢的踏出你的步伐。

　　當你感覺自己想生氣的時候，不妨先冷靜一下，冷靜會讓你收獲一片蔚藍的天空。別為小事情動怒，我們生活常常把一些委屈和難堪的遭遇放在心裡，生活在世界上難免會與別人產生誤會、摩擦，如果在不注意的時候，也會輕動仇恨之時，「仇恨袋」就會不知不覺的走到你心裡住著開始悄悄成長，絕對不能讓「仇恨袋」

放進你的生活軌跡上，世界上沒有絕對的對與錯，更沒有什麼標準答案，當你能夠講出來道理時，也不一定有任何人可以認同你，但任何事情都是可以理解的，任何道理只有放在一定的情況下和環境裡才是對的，離開了相應環境下，可能就會被謬誤了，出現謬誤也不一定要去執著的解釋它，很多事情別人做的可能是正確的，而你做的可能是錯誤的，只因為當下的你不適合當下的狀況，世界上沒有絕對存在對與錯，只要能冷靜去做自己認為最正確的事情就好了，別當自己為難自己的人。

　　人生就像一張單程的車票一去無返，錯過了就別後悔，後悔又不能改變現實，最害怕的是你失去的不是已經擁有的東西，而是你對未來的希望沒有寄託，每個人出生，在懂事開始就都會缺少了一角的，而缺失的一角，也許它不夠可愛，但那也是你生命的一部份，你要正視它的存在，因為你缺失的那一角，你必須去認識它、去尋找它，去改變現實不實際的生活，把自己的人生方向盤慢慢的扭轉回來，這樣才會獲得更多豐富多采的人生，或許你會懷疑自己為什麼不完美，但當你從母胎出生下來就很完美，沒有哪一塊缺失一角的話，那你果真會不知道要如何在自己的生命畫板上塗染上什麼色彩，請別再為難自己，世界上五彩繽紛的色彩，它正等著你去好好的塗染呢。

　　不要讓瑣事牽絆著你自己，把煩惱關在門內讓自己無法喘氣，生命中有許多事物是不可強求的，生活本身就是不公平的，很多人遇到不如意的事情時，總是會灰心或抱怨，其實大可不必，應樹立正確的生活態度，當再遇到挫折時更要冷靜分析原由，不必衝動或主觀臆測，要明白凡事都有果就有因。人的煩惱都是因為有愛，有了愛往往又會產生恨，然而又給人帶來空虛的感覺以及無法避免的壓力，我們要學習不去糾結別人喜不喜歡你、愛不愛你，因為愛，是冥冥之中注定的，宇宙會安排合適的人來到你身邊，別擔憂，很多時候不是你不夠好，而是你和他不屬於同一類的人。別再執著、別再為難，不要再把任何一個人放在自己的心裡看得很重，即使他是你最愛的人或是你最在乎的朋友，也不可以讓自己沉醉在認為別人沒有你是不行的，搞不好在別人的心裡，你什麼也都不是，你只要知道明白相同屬性的人，自然就會吸引在一起，很多人事物是你強求不來的，一切就隨心讓宇宙來安排吧。

　　當你的「小愛」又在煩惱中擺脫不出來的時候，就會再形成種種的情緒勒索著你，何必呢？人生在世的日子歡笑與快樂有時也會伴隨著憂慮與煩惱，正如成功伴隨著失敗一樣，如果你的腦子整天都在胡思亂想著沒有任何價值的東西，那消極、悲觀的想法也會存在你頭腦裡，這時的你又會開始鑽牛角尖，沉迷煩惱不堪，生

命中總有些東西是無法重複的，畢竟過去了，不會再回來，你，一定要避免再跳進深坑裡。學習讓自己去完成你從來認為不可能的任務，挑戰自己成為個體，別再為難自己，有些事情沒了就沒了，失去的人事物終歸無法再繼續。有些人走遠了就遠了，誰也不是誰的，其實他們原本就不屬於你世界的人，丟掉你的執著和握不住的人事物，跟它們說再見。有些人、有些事就到此為止或許才是最好的結果，告訴你自己，「折磨」再也無法認識你，直到永遠只有你自己在乎的人事物才能認識你，若你不在意的人事物，天也耐不了你啊！

　　寬恕自己才會愛自己，仔細觀察周圍就會發現在我們寧靜的生活中大多數的人都是親切的、富有愛心的，也是寬容的。也許你會懷疑人不都是自私的嗎？怎麼可能產生嚴以律己寬以待人呢？是的。人總是會很容易原諒自己所有的過錯。但這只不過是在表面上饒恕自己而已，如果不要這麼自私安慰的話，又如何去面對他人呢？正在疑惑的你，疑惑也會呈現在你深層的思維裡，你也一定會反覆的自責，為什麼我會那麼笨？當時要是細心一點就好了，或是，我真該死，這樣的錯怎麼能讓它發生呢？請你再想想自己有沒有犯嚴重的錯誤，如果想得出來的話，那你一定還耿耿於懷，並沒有真正忘了它，表面上你是原諒的自己，實際上你是將自責收進了潛意識裡，凡事不必太計較、太認真、太在意，用單純

的眼光來看待人生，緣深多相聚，緣淺一笑隨它去，唯有如此我們的心智才會成熟，一顆成熟的心要像大海一般寬容，在委屈面前一笑了之，用感恩的心去面對幫助過我們的人，用寬容的心去面對傷害我們的人，你會覺得他們其實也都不容易，多一些感激、少一些抱怨，人生的路上才會步履輕盈而灑脫，就像，酒杯太淺見不到來日方長，巷子太短走不到白髮蒼蒼，人生本就是一場減法，珍惜當下，就別再為難自己，別再遺憾了。

　　我們唯一能做的就是正視所有的錯誤存在，由錯誤中吸取學習確保未來不會再發生同樣的遺憾。當自己再摔了一跤，摔得好疼，回頭看一下這不就是當初自己跳進來的嗎？一切都過去了，接下來，你應該要讓自己絕對寬恕自己，把它忘了，繼續向前進，為自己找一條適合的路。要懂得控制自己的情緒勒索才能改變自己的思想和行為，思想改變了，你的情緒也會跟著改變，最難可貴的，是不為難自己，明白自己追求是怎樣的狀態才能屬於自己的位置，不必去羨慕別人，由自己去創造安心，享受自己的生活、享受自己的幸福、享受屬於自己的自由。

駕馭自己的方向盤

　　我們在社會生活中常會與各行各業形形色色的人發生接觸和交流，人與人之間相處過程中應該放下自己的偏執和狹隘，學習如何讓自己變圓滑與變通，與其改變別人不如掌控自己。人生苦短，你不能等待別人的改變來符合你的期望，當你能掌控自己時，意味著你是有能力選擇自己想要過的生活，不管是要追求幸福的生活還是未來的夢想，都別把自己未完成的夢想寄託在別人身上，更別把自己的方向盤依賴在別人手中裡，那一切都是你不成熟的和不負責任的表現，你不能只希望透過別人來改變你自己，更不能奢望改變別人來追求你的成功途徑，應該正確的認識你自己，想改變別人或想讓別人改變你，不如由自己駕馭方向盤才是王道。

　　你可以做一個物質的窮人，但不妨選擇做一個精神的富翁，把自己每次的傷心與遺憾看做人生快樂的起點。你知道嗎？對不同處境的人來說，人生呈現的都是不同的色彩，對一個口渴的人來說，喝水就是世上最美

好的事，對飢餓的人來說，吃飯就是世上最美好的事，很多時候你無聊、很煩悶是因為你生活過得太安逸。你想過嗎？世上還有其他形形色色需要你去關心的事情，還有很多人正在餓肚子或比你更寂寞、更匱乏，還有些人常常容易使自己陷入不得不如此的困境。只有你不明白社會的形態，因為你自己想得到更多，你的貪婪不得不失去更多，凡事你總是只考慮自己，所以你才會走進狹窄的空間，卻不知道自己已經無法飛翔、無法喘氣，其實你有很多可以選擇的，可換個角度、換個生活態度去面對、去接受，把自己的視角轉換成遠見，那所有的問題就會變得更簡單，就能更輕鬆的駕馭它。

世界上並不是沒有美好和真誠的存在，而是你自己的心靈不夠美好和真誠，所以才會讓自己的人生站在灰色調色盤上，生活中常常不如意是不可避免，那麼，你該選擇自己的心態來翻轉一下，來駕馭自己的方向盤，轉變自己的觀念和思想與思維模式，那你的意識就能獲得解放。換個角度來看待人生，你就不會再固執己見，也會停止抱怨，重新看待自己，你才能繼續開闊自己人生的規劃，在這塊土地上有各種各樣的人事物，如果你總是試圖想去改變別人和控制他人的話，那你只能以對立和爭執來看待所有的一切。原因何在？因為沒有人會想要別人告訴自己該怎麼辦，也沒有人希望別人告訴自己該怎麼改變，你應該知道，花心思去要求別人改變，

不如好好的思考自己要怎樣改變自己和掌控自己的世界，凡事以自己為優先，讓自己來主宰自己的方向盤。

　　社會如今是充滿競爭的環境，當面對現實的競爭，你要用足夠的勇氣來面對失敗和打擊，當你在面對打擊和失敗時並不是來自於環境的影響，而是你自己的自以為是，總是想改變別人、控制他人的思維，卻不承認自己的能力有限，往往想去控制他人的方向盤。其實，你自己才是一個最愚蠢的人，也是最不可取的，別人的方向盤不需要你去操控，你只要掌控好你自己的方向盤，那才是你人生的責任。人生的旅途十分短暫，應該珍惜自己所擁有的選擇和決策的權利，自己的能力不要隨波逐流，了解自己的認知和能力才是最重要的，只有自己才是自己唯一的司機，千萬別讓他人駕馭你的生命之車，也千萬不要試圖操縱別人的生活座騎，你只要穩穩當當的坐在自己人生之車的位置上，好好的駕馭自己的方向盤。

　　生活就是這樣，一個人就是一個世界，每個人都是自己世界的主人，每個人對自己的世界都會做出選擇和決定，不管你做任何選擇和決定都會影響到所有相關的存在，當你自己對自己的世界感到沮喪、不滿，無望時，實際上是你對自己的選擇和決定做出不負責任的反應，也只有你自己才能改變這一切，改變自己的生活

態度，你的內心常都會有一個大大的問號，我該怎麼做才能使事情往好的方向去發展去改變呢？答案是，從你自己開始，你才是世界上唯一的主人，去尋找真正的自我，去找到真正的自我，雖然並非是容易的事，但當你找到真正的自我之後，你就會清楚的明白，自己在群體中的位置與他人的關係絕對會讓你在判斷任何事情時，不再眼高手低，處理事情也不會急功近利，對自己的能力不會再估計過高或過低，你會更加貼切的把握自己的選擇，並且會更加積極進行自我設計和自我完善。如果你還沒有真正找到自我的能力時，往往會在沒有衡量自己的問題與經驗之前，便會胡亂選擇一個過高的標準，當標準沒有符合你的期望時，你的自信心就會造成嚴重的打擊和摧殘，你的自卑和疲憊就會跟隨著折磨你的身軀。只要不斷檢視自己，以自己為鏡，鏡中就照得出真實的你自己，當然你不能只看著鏡中的影子，你要真正的去看見鏡中真實的你，偶爾看看自己的倒影也會有所幫助。唯一能駕馭的只有你自己，最有意義的事情莫過於努力去優化自己，讓它乘載著你去真正想去的地方。一個人的衰老不是從臉上皺紋開始，而是從厭倦生活開始的，成功的反面就是失敗，要控制自己的慾望，別去觸碰自己駕馭不了的人事物，懂得適可而止才是最聰明的體面，就像是一場漫長的旅程，只要善於駕馭自己的情緒和心態才能獲得平靜的感受，得到生命的自由，讓自己一天天強大起來，不要封閉自己，不要失去自我，

儘管你天生帶來的性格具有很大的穩定性，也會有可能和不可能的改變來挑戰你。只有足夠的恆心與信心，才可以培養自身良好的個性，清晰的認識自己。

命運，其實掌握在自己的手中，同時，你還必須找到培養自己的卓越個性，這樣你所做的一切才不是紙上談兵，在現實生活當中只有你自己可以改變一生中的你。當然任何人也總會有幾段迷惘的時期，也會在不同的空間裡，在不同的時間裡，面對那個或這個的問題，所有人事物在一個完全不同的頻率上時，人與人相處有了隔閡，就真的會讓自己走著走著不見了，你可以剪斷和他之間的繩子，也或許你在想如何來維繫著你和他之間的關係，但所有的傷口都已留下深深傷疤。人與人之間只有和好，沒有如初，別再浪費時間和精力，就像你在城市裡遇見了很大的風雨，你一個人也可以撐傘慢慢的走，總比你再被他人左右影響你的情緒，雖然生活無人問津時很孤單，但總比你已看醒、清楚自己應該站在哪個位置上還不去做還對。別人的故事裡，你永遠成不了主角的，別再回頭去看那麼長的路和過去那麼久的時間。

人來人往，最後剩下的只有自己陪著自己，一個人就一個人沒關係的，只要記得握緊自己的方向盤，享受著自己兜風的風景，那也挺好的。

──── 主題 *8* ────

尋找自己的幸福

　　幸福、喜悅像空氣一樣時時刻刻都圍繞著你，卻也常常被你忽略了它的存在，你擁有一顆尋找感恩幸福的心靈和一雙發現幸福的眼睛，就會知道自己的生活中並不缺少幸福，簡單就是幸福，你之所以感受不到幸福，是因為你不能夠活得簡單、單純，不要刻意去追求什麼，不要向生命去索取什麼，不要為了面子讓自己塑造任何形象，簡單本身就是一種幸福。

　　你一直追求著遙不可及的目標和愛情故事，只是為了給自己一個生存的理由，知道嗎？愛和被愛都會不經意間讓你受傷害，往往就是這樣子活著，自己也不能懂得自己，自己也不能明白自己的位置在哪裡，有時你會覺得自己很難理解自己，就會有一種茫然的、厭倦的感覺，莫名的不快樂，不知道為什麼自己會變成這樣子的自己，不是幸福少了，而是你缺乏知道幸福、快樂之心靈，無論在怎樣的環境裡，你都擁有一雙可以發現幸福的眼睛，幸福、快樂是無所不在，幸福沒有統一的答

案也沒有一定的模式，幸福的內涵就是如此無限豐富，只要自己用心靈去發現，哪怕只是一條溫暖的短訊息問候、一句關愛的叮嚀，你都能感受到幸福，因為你自己擁有一顆懂得享受幸福的心，從簡單的生活去尋找點點滴滴的幸福吧！

　　其實幸福就在你身邊，幸福不是磅礴大雨，快樂也不是毛毛細雨，幸福也不是你有多少家產萬貫、財富多寡，幸福是一種發自內心的情感，是一種清澈美妙內心的感受，真正的幸福是生命本性的自然流露，它來自於你自己的精神內在，並不是外在能左右的，當你決定想獲得幸福，那麼你就能得到這種幸福；而你心態消極的話，不僅不會吸引幸福相反還會排斥幸福，即使幸福悄悄降臨到你的身邊，你也會毫無覺察，失之交臂，然後後悔莫及想著自己為什麼這麼的愚蠢，明明幸福在身邊，卻讓它悄悄的溜走，假如你一直想著一些可怕的情況，那麼就會害怕，假如你一直有不好的念頭，恐怕就很難保持內心寧靜的生活，假如你一直認為自己是可憐蟲，那麼大家都會對你敬而遠之，很多事情並不是你想像中的那樣，所有的事情都是你自己所想的，宇宙對我們每個人都是公平的，會給予我們苦難也會贈予我們幸福。生活中從來都不缺少幸福，而是缺少發現、感受幸

福的心，只要你用心去感受，用心去體會就會發現平凡的生活中處處都盛開著幸福的花朵。

也許你會認為幸福就是所謂的有錢、有勢、有地位，你知道嗎？幸福就像一朵有刺的玫瑰花，有些人常常覺得玫瑰花耀眼美麗，卻不知道玫瑰花藏著多少刺和心思，往往想隨手摘下這一朵玫瑰花就以為它就屬於自己的，卻不知道已擁有這朵玫瑰花的人，他要付出多大的代價，你一直認為別人都比你幸福，其實，每個人都有每個人的生活，不必去羨慕別人的擁有，你只要珍惜自己擁有的生活，無需和他人攀比，只要適合自己的就好，畢竟，幸福是感受出來的，而不是比較出來的，不必太過於在意他人的看法，將他人的看法與你自身的幸福感綁在一起。假如真綁在一起的話，你就是世界上最賠本的買賣。幸福在自己的世界裡，不是在別人眼裡，能珍惜當下所擁有的就是最幸福，真正幸福的人不會去盲目攀比，那內心才會平衡，才會充滿幸福，很多時候，你在羨慕別人的同時，殊不知，對方也在羨慕著你，不必左顧右看去比較又何苦東張西望去比較呢！事事比較和攀比，你就會丟了幸福和快樂，他人有他人的快樂，你有你的開心，只要努力去奮鬥、去創造都可以過上你想要的幸福生活。一朵玫瑰花你溫柔的欣賞它，

你會覺得它很美麗、很耀眼，假如你用力將它握在手中時，玫瑰花雖然會讓你覺得它香氣迷人，但它也會帶給你赤裸裸的刺痛感，讓你無法理解、無法掙脫它的陷阱。所謂的幸福不是建立在有錢、有勢、有地位，而是建立在你如何用心靈去看待它，最珍貴的不是得不到的未來，也不是失去的昨天，而是現在你能夠擁有，把握當下的幸福。

生活中有時陷入過去的追憶裡不能自拔，也會為已經失去的情感跟潑翻的牛奶來傷心痛苦，卻不知道事情已經發生覆水難收了，再怎麼追憶也無濟於事，或許你還會沉浸在對未來的憧憬，想著夢想的未來，卻不正視現在的自己，最後將會讓自己原本可以得到的更多幸福機會白白的流失掉。不要再抱怨自己不得人意，不要再無期的奢求迷惑自己，不要總是去看別人擁有的東西，要把自己的心慢慢的收回，去認真的享受自己當下所擁有的一切，去享受、欣賞自己每一處的優點或缺點，認真過好現在的每一天，珍惜身邊的人，幸福的滋味是要靠自己的心去體會，好好把握現在你所擁有的一切吧！用愛去面對每一天，用愛去面對你身邊的每一個人、每一件事，心中就不會再堆積遺憾和失落。與其不快樂的活在過去或未見面的未來，不如好好的把握現在，去珍

回家吧！我的靈魂

惜身邊最珍貴的人事物，否則自己所擁有的將也會成為那一刻的失去。所以，從現在起不要再回頭看，也不要為無法預期的將來擔心，認真過好現在的每一天，珍惜身邊的人事物去過著幸福的滋味。

　　幸福像花兒一樣，只有在陽光的照耀下才能盛開出美麗的花朵，有陽光的地方就有幸福，讓自己的心中充滿陽光吧！人生旅途中並不是總是陽光明媚，當寒風驟雨來臨的時候，不妨在心中升起溫暖的陽光，照亮坎坷的路途，溫暖自己的心靈，讓幸福的花兒在你的心中盛開，讓幸福一直陪伴著你，每個人的眼光不同，好惡不同，沒有必要為了符合所有的人的喜好，而去改變自己，一個人最重要的，是看清楚自己、懂得欣賞自己，當你學會了欣賞自己，你才會懂得如何欣賞別人，才能獲得別人的欣賞和尊重，這樣子才能讓自己變得更加快樂和自信。不在乎別人的想法，許多人事物是仁者見仁，智者見智，欣賞自己就是對自己的肯定和讚美，也是你應該獲得成功的關鍵，幸福是可以由自己來選擇的，如果你選擇堅強面對生活的打擊和考驗，那麼你終將會迎接生命的晴空。如果你選擇自怨自哀，一味展現自己傷痛給別人看，那麼即使晴空在你看來也是雨天，生活本來就是由酸甜苦辣各種元素的構成，幸福的選擇

權，其實就在你自己的手中，許多煩惱和憂愁都是自己給自己套上的枷鎖，是一種無意義的自我折磨，不要再將自己置於虛擬的幻想裡，與其憂慮未來不如好好的把握現在，危機就是轉機，唯有讓自己順其自然才會獲得幸福。

　　路，走不通就繞著走，事，想不通就換個角度看待。人生沒有所謂的標準和答案，生活中很多遇見和發生，其實都是宇宙的安排，真正幸福的泉源在於你自己。一個人，只要善於理解和珍惜，人生的道路上無論遭遇到什麼困難都應當堅持，絕不堅持沒有意義的固執，無意義的固執只會讓你偏離幸福的方向，別讓固執擋住你的幸運之門，要相信自己，任何經驗都會讓你更獨立、更強大、更幸福。

主題 *9*

別讓「等」拖累了你

　　「等」明天再說，「等」後天再說，就是這樣子一直拖到不能再拖了才動手，這種情況在生活中是常見的，雖然是小事，但是一拖就會失去別人的信任，給人留下不好的印象，還有一些人因為「等」一件小事，導致沒必要的誤會，起了爭執，這就更不值得了。人們還有一些通病就是在遇到問題和麻煩的時候，總是想找藉口逃避不去解決或者指望別人來幫忙解決，還會以為不去管任何人事物隨時想著「等等」就會沒事，但是問題會隨著時間堆積出更多嚴重的問題，讓你焦頭爛額、心頭繁雜，你就又會說早知如此，早點解決就好。

　　你用不「等」的時間去經歷很多事，去完成一件件人生大事，再挑戰一些波折坎坷，你就會覺得自己那一瞬間長大成人了，用不「等」的心態去經歷一個巨大波動或者變故的狀態，你也會覺得自己一瞬間明白很多道理，讓自己逐漸去理解身邊不容易相處的人，明白沒有一個人活在這個世界上是最容易的。所謂落子無悔，你不可能每走一步都是正確的，你不用去批判、不用去

拖延、不去等待他人，當你自己不再在乎回頭看看時，再想想自己再回到當時的經歷和閱歷，你還會做同樣的選擇嗎？應該不會再「等」了吧！與其等待還不如早點著手去做，等待不會讓你問題和麻煩減少，反而會有更多、更嚴重的問題和麻煩出現，人的內心往往等久了，就會開始變得緊張，變得脆弱，心理壓力就越大，大到不得不去處理事情，解決問題的時候，你的思維和行為就會因為緊張和心理壓力變得焦慮、無力感，雖然每個人或多或少都會有等等看的想法，面對工作、生活、感情必須做的事，要解決的問題都會有意或無意的本能迴避麻煩，不想立刻去處理，心裡也許會想著再等等吧！每天等等看，等一年過去了，你會在年末的時候，發現很多好的事情都沒做，每一年等等，等到老了，你會發現一生留下了太多的遺憾，你一輩子就是敗給了一個「等」字，為了不讓人生留下過多的遺憾與悔恨，必須正視自己，果斷甩掉那個見鬼的「等」字，用正視態度去處理工作，生活中遇到所有的事情與問題，不是他，就是你，要去解決一切，要馬上行動，你的行動代替你戰勝了所有的恐懼與擔憂，你的行動會給你無窮無盡的自信心，你越行動，就越有能力，越能理解問題，能做好每件事情，人生就有無限的可能。

　　人都會在靜悄悄歲月中不知不覺就成了遺憾。沒有告別、沒有儀式、沒有長亭古道，沒有勸君更敬一杯酒，當你走著走著突然再回頭才發現原來自己已經離開

回家吧！我的靈魂

了無法挽留的時光，人與人之間從來沒有無緣無故就會有得失心，是你自己等的很失落、自己等的很失望，有些人是留不住的，就像你想「等」，留下一些人事物，時間已經讓你留下遺憾了。別覺得自己有多委屈、多愚蠢，對與錯都有它的存在意義，往往「等」會讓你失去判斷的時刻，當相遇的時候就好好的緊緊擁抱，散場的時候就留下彼此之間的默契與回憶。人一輩子都處在一個「等」，等我不忙、等下一次、等將來有一天、等到我有條件，等到沒有緣分了，等到最後健康也沒了，機會也沒了，這時候的你已經無法再等待了。等來等去都是你自己留下來的遺憾，你無法預知未來，很多事情都是自己的愚蠢，愚昧的一「等」，「等」就成了你永遠的遺憾與缺憾。

人生有太多不必要的等待，多少人敗給一個「等」字，總是在「等」一個最好的機會、一個最好的日子，「等」到心情最好的那一刻，人生最幸運的那一瞬間，激情最多也是那一刻，等來等去如果沒有行動，最終你也只能兩手空空，留下數不清的遺憾和悔恨，就只會想著當初，早知道，別讓自己遺憾。別人在努力，你還在「等」，每個人心裡都跟明鏡似的，非常清楚，等不來的好運、等不來的成功，那為什麼要面對、處理事情的時候，卻又習慣想「等」某機會來了再看看、再著手處理？為什麼不是現在立刻馬上就去做呢？也許你覺得事情太難了，不好做，想找到一個突破口再去做，也或許

你認為事情還沒有那麼緊急，你還有大把的時間，現在還不用動手，也或許你覺得事情千頭萬緒，不知道如何下手，不管你是因為什麼原因，只要你覺得自己這樣不是解決問題的方法時，那就請你給自己找出一條循序漸進的計劃，必須一步一腳印的去實現，別再敗給「等」字了。

生活上有許多的刁難並不是要你變得氣急敗壞，而是要你變得更加從容，未來還很長，不必慌張，任何事物都需要心平靜氣的去面對，只要穩穩的努力，不要再等待，你將能收獲穩穩的幸福。人生這條路很長，像星辰大海般璀璨，任何一個目標都需要行動來完成，「說一尺不如行一吋」，只有行動才會出現結果，只有行動才能創造成功，每一個偉大的計劃和目標都要靠著行動來實現的，你可以空想，但是不能不要理想；你可以有理想，但是不能不行動，行動可以完成你的夢想，「等」會讓你失去所有的夢想。

請別傻了，不必踟躕於過去的半畝坊田，快出發吧！快行動吧！丟掉「等」字，當你把希望寄託在別人身上，你就會選擇盲目的等待；當你把希望寄託在自己身上，你就會選擇快樂的奔跑，實際上，現在就是你最好的時光，每個生命、每個時期，它都是年輕的、及時的，別讓自己的世界再留下空白的考試卷。

主題 *10*
成為最棒的你和我

　　你想成為一個怎樣的人，就一定會成為怎麼樣的人，你想做什麼人，就去做什麼人，相信自己是可以的，只有自己先瞧不起自己，別人才會瞧不起你。別再對自己說某件事情我辦不到，我無法完成、我不能勝任、我不行等等……自我否定的話語。你可以說：「我可以的，我可以從枷鎖中掙脫出來的，做一個很棒的自己，我可以達到自己的期望與目標。」只要你相信自己可以，就能掌握自己擅長的領域去發揮自己的實力，一定能達到你自己的目標。

　　你或許曾經經歷過失敗、挫折，自信心受到嚴重影響的打擊之後，就開始懷疑自己的能力不足，也會開始否認自己，也對自己貼上失敗的標籤。其實，失敗並不可怕，可怕的是你自己束縛了自己的手腳，不相信自己有能力，讓自己再無法去看待自己。只有你能相信自己，你才有可能突破自己，去改變自己，取得成功，無論你的身分地位如何，你都不要低估自己的能力，要相

信自己是有能力的，不要因為自己地位低就產生自卑，就不信任自己，開始懷疑自己，或許你某方面可能不如別人，但只要你肯定你自己的長處，正確認識自己，凡事不再懼怕，謹慎小心點，不要再低估自己的想法，你就能感受到自己有無比的潛能，更能去發展你意想不到的新事物。

　　生活上有許多人事物總是會讓你莫名的堅持很久，而堅持的事物長期還是會讓自己感覺不開心，找不到自己的靈魂存在感，那就不要再繼續下去了，勇敢一點，試著改變自己的想法，每一個人都有不同的傷痛，就讓時間來療癒你的心靈，慢慢的把它淡忘掉，放水流，別老是想著昨天與過往，這樣會再刺痛內在小孩的你，不要再執著自己所設定的框架，換個方向、換個角度，轉個彎，或許努力之後，你還是無法自拔，還會深根想著很久的人事物，事情還糾結在你心裡，那不如就讓自己接受它吧！可以惦記著它，但不要再去打擾著它，先丟在一旁讓時間慢慢的流逝，讓自己順其自然，隨遇而安，不再沉溺過往、不再懼怕未知的將來，該忘掉的、該放手的，就不再去回頭看它吧！快轉個念頭讓自己停一下腳步，按下暫停鍵。人生總是有喜、有悲、有苦、有甜，這就是我們的世界。

　　很多人的成就一開始也是來自於那些看起來不怎麼樣的想法，只要你的想法不關乎生死，不妨都可以試一試，將會有意想不到的成果，不要小看自己的能力，再大的想法，只要你肯踏出行動再一步一步往前走，便會有機會看見出口的。你知道嗎？當上帝關閉了你所有的門，祂必將會留給你一扇窗的，你總是生活在條條框框之中，這些條條框框或許是你自己設定的，也或許是別人幫你設定的，你卻已經輕易的把它當作一個深規則，甚至把它當成了你的人事物核心，你堅持遵守著他人給你所有的承諾，不肯打破，並且也為此付出巨大的努力在這些框框裡生活和工作，卻不知道自己已經失去了發展的空間，失去了創新的思維，更失去了你勇於開闊的視野，想成為最棒的你難免會遇到重重的難題與挫折，在挫折面前你需要再越挫越勇，讓所有無法招架的難題都能勇闖去突破難關，找到你看不到的盲點，找到那一條已深入蒂固條條框框的線頭與源頭，這樣子的你，才能夠解開身上所有的鐵鏈，開啟明日的鑰匙。

　　生命過程像火車，每一站都有人上車，都有人下車，我們不知道他們的起點與終點，也無從改變任何人的軌跡，無論你遇見誰都會是你生命中該出現的人，你決定不了一個人的出現，也挽留不了一個人的離開，你可以珍惜不期而遇的驚喜，去接受突如其來的離別，總

會有歡聚和離別。但是，只要你再一不小心動了真情，又是你窩囊的開始，或許你不會相信，那你可以想一想，在每一次吵架，你常把話說得非常狠毒之後，是不是一覺醒來你還是很喜歡他、想著他、忘不了他，真正會走進你心裡的人，其實你自己也都說不出哪裡好，哪個位置是屬於誰的，你自己也不知道，因為你正在迷茫，找不到自己的定位，認為他是你的浮木，認為他是你的舵，現在只有你自己才可以拯救自己，勇敢的去面對、去接受，不要一直沉澱在離別的悲傷裡，想想你和他相處的時間是不是頻繁的生氣、頻繁的吵架，互相怨懟，你的心一次次的受傷害，當你們互相傷多了，互相也就不再珍惜也再回不頭了，你會覺得自己很委屈，其實他也會覺得很累，最終你們變成了你覺得他不愛你，他覺得你不懂他老是在亂發脾氣，常處在冷戰又冷戰的狀況下，你的心就會涼，情也就會淡，慢慢的你們之間就會越走越遠，如果一段感情淪落到女人去教男人該怎樣去愛她，她才會有安全感、要怎樣哄她，她才會開心，那這一段感情注定會失敗而分開的。原因很簡單，他從來沒有想過要為你改變，而你卻一直忍住了自己、委屈自己。未來，還很長，你不要害怕難熬，「愛」這種東西是有心者不用教，無心者教不會，感情常會從滿心歡喜直到徹底絕望，它終究會讓不相愛的人互相耗盡所有的耐心和熱情，這種關係是最不舒服的、是最不值

得的。不要忘記，你是最棒的，沒有他，你的日子也可以過得很精彩。

　　每個人都不可能盡善盡美，有些事情難免不如意，要讓自己更加完美，就應該知道自己欠缺的缺點並加以學習突破，完美是一種和諧。譬如自己長得不漂亮，但是你有超人的智慧。譬如你雖然有家財萬貫卻是精神上的窮光蛋。世界上的萬物都是平衡而又穩定的，有黑就有白，有凸就有凹，也許在你眼裡你永遠都看不到黑的那一面，但是，這並不代表就沒有黑的那一面，或許你已經輕易的給自己貼上標籤，標籤已經運轉許久了，只是你卻不自知而已。標籤是一種自我限制認知的行為。如自卑、敏感、消極，它長期住在你的內在裡，很多人都會因此被捆綁在這些標籤裡，壓抑著，於是換來惡性循環更加無法放開手腳，只好一遍又一遍繼續催眠自己，認為自己不行、做不到、會失敗，將自己陷入一個自我的小標籤裡面，你需要改變它，勇於撕掉身上的標籤，讓自我限制的標籤一一從你身上慢慢去除，撕掉它，世界無時無刻都在變化，只有由自己來打破牢籠裡的標籤，才能消除你的偏見和傲慢的想法，擺脫原有的困擾跟框架，去打破淺識的認知，撕掉自我的標籤才能擁抱更多的可能性，去發現自己有更多的優秀面，不再被束縛才有可能在自己的認知中，發覺自己是多麼優秀的人。

生活就是這樣，你有你的困難，我有我的煩惱，各有各的辛酸，時間在走，年齡在增長，懂得越多，看透了也會更多，快樂也會隨著減少。你不得不承認時間在改變的同時，也會讓很多人甚至很多事莫名地變化，時間會治癒悲傷也會沉澱過往，也會澄清別人也會讓你看清自己。人確實經歷了一些事情之後就會悄悄的改變，變成自己另一種性格，也慢慢的讓你磨平稜角和過去的過往，慢慢達成和諧，就像一場又一場的比賽，沒有人可以一直贏，勝敗都是常事，不要以為輸了就覺得自己不好，相信你自己，你是最棒的，如果感覺自己與別人差距越來越大，很難後來居上時，你可以選擇，不一定要追上任何人事物，只要自己知道如何完善自己就好，一切永遠都不晚，不必一定要與別人比，你可以與自己比，超越自己的人才是真正的勝利者。你超越自我一步就接近完美一步，真正去認識自己才知道自己的缺點和優點，勇敢的去打破自身的枷鎖吧，去傾聽自己內心真正的聲音，這才是最幸福的。

　　生活就是藝術，活出屬於自己的色彩，努力，只為遇見更好的自己。快回來吧！回歸到屬於你自己的靈魂裡，只有自己才是屬於真正的自己，你才是最棒的。

主題 *11*
耕耘找到自己

為什麼別人那麼幸運，而我就這麼倒楣，為什麼別人可以活得這麼風光瀟灑，而我就這麼的落魄窮困，為什麼別人總能功成名就，而我卻默默無聞，這是我們常常問自己的話題。

你是否也常在責怪命運的不公、抱怨現實的不公、感嘆成功的艱難、羨慕別人的風光，認為幸運總是與自己無緣，在怨天尤人、悲觀嘆息，你問過自己嗎？你自己努力過嗎？

世界上沒有不努力就可以得到的幸運，沒有不付出就能獲得的機運，天底下沒有免費的午餐，沒有耕耘上天更不會掉下大餅的，幸運往往也不會平白無故的從天而降的，如果說你現在很幸運那也是你透過自己的不懈努力、艱辛奮鬥而換取來的回報，只有自己耕耘幸運它才會跟著你。雖然努力不一定每次都會帶來幸運，但你不願跨出去耕耘的話，那一定沒有任何幸運可言，真正

的幸運絕對不會光顧那些<u>墮落</u>、精神麻木、甘於安逸、甘於平庸，而不想耕耘努力的人身上，幸運只會藏在勤勞和汗水、行動與付出的人身上。

　　幸運與不幸運、成功與不成功，是要靠自己，無論時代如何浮躁、無論人生如何艱難，你都要始終清楚面對自己該做些什麼、明確自己想要追求的是什麼事物，當你面對近乎絕望的困境時不妨堅持到底、永不放棄，以堅定的毅力去努力換取自己的幸福。放下你的浮躁、放下你的懶惰、放下三分鐘的熱度，更要放空禁不起誘惑的大腦、關緊自己的嘴巴，我曾經也因此擔心過和焦慮過，後來我發現所謂的每一份收穫其實都藏在每一天的耕耘裡，我多做一道習題、多背一個單詞，也許我不見得會考滿分，但我一定會讓自己在考試的過程中，多一份知識和自信，而在我每次推敲的每一個過程中我都很認真告訴自己，只要自己願意付出，宇宙絕對不會辜負我，會讓我心想事成，我會努力把我手上的考試卷一一的填滿答案，也許我不能全部答對，但一定會讓我自己脫穎而出，我不再讓自己焦慮，我已懂得如何讓自己提升、犒賞自己。你呢？你也可以的。

　　現實社會對一個有七情六慾的人來說，各個人事物都是難以抗拒的，雖然誘惑會帶給你巨大的快樂和快

感，但也會讓你害怕麻煩、畏懼困難，經不起任何事情的考驗，你就會養成了逃避責任和脫逃的習慣，養成拈輕怕重不能面對生活與工作的挑戰，那就會成為你性格上的弱點。你怕麻煩、怕畏懼困難，你就會常常挑容易做的事情來做，你害怕挑戰，你害怕面對困難，沒有耐心應對你討厭的事情，這種習慣正養成你無法對自己負責，你總是會給自己找一大堆藉口。事實上，這些無謂的藉口都不是你真正意義上的理由，只有你自己願意放棄了自己，不然，只要你想做的話，你就一定會擠出時間來，再忙，你也會忙得不亦樂乎，也或許你奮鬥一輩子始終還只是一個小人物，但你知道嗎？絕對不會妨礙到你自己的選擇，不管你用什麼樣的方式去突破一切讓自己活下來，那世界就會為你創造一個全新的你。

生活常是敗給別人說的，這個世界沒有誰天生優秀，都是靠自己不斷的努力，不斷的堅持，才能得到最好的結果。你常看到別人表面很輝煌，卻看不到別人背後的煎熬，你看到別人活得很容易，卻不知道他們曾經經歷過多少苦難，你覺得別人過得很幸運！可是他們背後的辛酸誰能懂呢？其實你也沒必要去羨慕誰，你只要相信你不比別人差，再逼自己更爭氣一點、努力一點，你也可以活出你的精彩，你也可以創造出屬於你自己的輝煌。努力耕耘是你人生的態度，實力是你的尊嚴。

幸運不是本來就存在的，把希望寄託在將來是一種無意義的等待，它會使你成為一種茫然，不要再說時間不夠用，不要再說那些人不夠好、這些人不夠好，瑣碎的事情佔據了你絕大部分的時間，而你沒有把時間留給你最重要的事物。想想，當你需要有一份工作才可以解決溫飽的時候，你一定會對自己的人生構想出更多創意的想法，你再不去付出行動的話，你的生活也會出現問題的，這時候的你，必定就會硬著頭皮去做你該做的事情，請你，別把生命中最重要的事物再延誤了，你一直延誤就等於荒廢你自己的生命，不要羨慕身邊那些優秀的人，或許你也想成為那樣的人。可你努力過嗎？或許你已努力了一段時間，卻發現自己還是沒有收穫，所以你又會開始焦慮，開始想尋找能更快成功的方式，卻不知道自己越是焦慮不安，越是什麼都來不及。你害怕前方的道路漫長而落後給別人，卻忘了自己的努力不成正比，因為你不知道你自己在追求什麼，所以你的心就會太急，無法享受過程的樂趣，往往在這段時間裡，你會想要「是否可以大爆發一夜成名就好」，但是你忘了，你只是一個普通人，要成功是需要不斷努力的。誰不迷茫呢？我始終相信，在人生漫漫長途中，萬物皆有回歸的，當你嘗盡苦澀、酸甜苦辣後，一切終有回甘的那一天，像是開在廢墟裡的小野花，它也依然美麗又燦爛耀眼。

　　機會是自己創造出來的，而不是等來的，同樣，幸運是透過積極行動、努力奮鬥贏來的，而不是等來的。目標是人生的導航燈，是你努力的方向盤，是你人生奮鬥之旅就要先設定好前進的目標，當你設定好自己的目標時也就是規劃好自己的人生，無論是生活中的小目標，還是人生中的大目標，你都需要精心規劃，規劃會使你人生更加完美、更加完善，一個沒有預見性的人，是不可能規劃好人生，也無法過好人生燦爛之路，要先了解自己，把自己放在合理的位置上，你或許有不足的缺陷，只要對自己期望不要過低，也不要過高，懂得變通去規劃，了解事因、時地當下的變化再去執行，不屈服你所規劃的目標，只要把明白的人事物地，掌握在你自己的手中，就能畫出你自己美麗人生的圖畫。

　　如果人生沒有夢想就好比在黑暗當中，不知道哪裡才是方向。人生要有夢想，一輩子的夢想、一個時期的夢想、一個階段的夢想，當你追求夢想越高，越直接，你就會進步的越快，站在哪裡並不重要，重要的是下一步你知道該往哪個方向，雖然條條大路通羅馬，但你也有可能偏離預定的目標，南轅北轍，方向錯誤，哪怕你奔波勞碌、不眠不休，終其一生也不能到達你嚮往的地方，只要你方向正確你根本就不用這麼的辛苦，也能比別人更快到達幸福的彼岸，你可以從你自己最熟悉的

行業起步，做自己最擅長的工作，選擇人生方向是一條重要的經驗，就如人們常常說的那句話：成功就在你勝任的地方，一個人的成功來自於對自己擅長的工作專注和投入，無怨無悔的付出，努力和代價才能享受甘美的果實。

一生就像是酸甜苦辣的百味瓶，你不可能一路走來都是含著蜜糖的，該努力的年齡時不要選擇享受玩樂，該吃苦的日子時不要選擇安逸生活。生活的真諦便是有苦有甜，先苦後甘，苦有輕重，無論命運給你安排哪一種的挑戰，你都不要去抗拒，要相信命運是公平的，人生的道路上很少有平坦的捷徑，它往往充滿著坎坷和崎嶇，然而無論在工作中還是生活中，總會犯一些這樣、那樣的錯誤，遭受一些這樣、那樣的挫折，你只要正確把握自己的人生，認識自己生活的真諦，如何做個生活上的智慧者，掌握自己領悟人生的哲理和無數哲理的成功經驗與失敗教訓，這些都是你自己生活上的智慧結晶，也是一盞盞指引你繞開阻礙、順利奔向理想的明燈，你的苦有多大，享有的福果就會有多大，不要害怕吃苦，換個角度看看吃苦的滋味，智慧的人生，才能讓自己如魚得水、游刃有餘，立於不敗之地與幸運。

　　苦難和幸運對於每個人都是公平的，它們往往是並肩而行，很多人因為害怕受苦而把機遇拒之門外，苦難就像一所大學，經歷過苦難的磨練才能夠更加強壯，幸福可以給你美妙的感覺，而痛苦卻可以給你堅強的意志，人一生中必會遇到苦難，是不可避免的，如果你沒有吃過苦，你的人生或許是不完整的，學會吃苦，懂得如何吃苦，你便能夠從中獲得巨大的能量，不要害怕吃苦，從另一個角度來審視自己的苦難，接受苦難，當你克服它之後，你就可以自由的翱翔，也是成功，勤奮是關鍵，只有無止境的追尋才能到達成功理想的境界，即使你天生愚鈍，只要真誠的投入工作去，笨鳥先飛，也能創造出自己的奇蹟。

　　辛勤耕耘是成功的階梯，耕耘的習慣也是成功的動力，用耕耘的雙手去尋找，挖掘出生活中的幸福、快樂。人才是磨練出來的，人的生命具有無限的韌性和耐力，只要你始終如一的腳踏實地做下去，無論怎麼樣的處境都不放棄自我，不怕自己鬆懈就可以創造出自己和他人都能震驚的成就。時間是成功者前進的階梯，任何人想要成就一番事業都不可能一蹴而就，必須踩著努力的階梯一層一層的攀登。時間是勤勞者的勝利籌碼，如果你不付出努力就別抱怨現實不給你機會，不要埋怨環境與條件，應該努力去改變自己，去完善自己，亮出你自己的實力，做出自己選擇的成績單。

機會，是留給準備好的人，樹立自己的能力、地位，歸根還是要靠自己的真實力，只要努力的工作，積極的做好準備，機會最害怕的境遇往往不是貧窮的、不是厄運的，而是你的精神和心境處於一種無知、無覺茫然的狀態下，既不願意去努力改變生活，也不想去提升自己，或許你會說我又能怎麼樣呢？我底子不好，學也學不好，付出再多努力也是浪費，就算我現在真的去努力提升自己也太晚了，你知道嗎？這些都是你給自己找的藉口，不要再發牢騷了，也別再幻想有什麼突如其來的機遇，你必須讓自己有所改變，先從改變自己開始，只有你改變得更好，你才能得到更好的待遇。希望自己的人生更好，那麼，就打起精神來，從現在這一刻開始為自己改變，讓自己變得更加美好，別再遲到了，快準時做出決定吧。

　　人的一生難免會碰到許多問題，遇到不少挫折，只要清楚在面對問題和挫折時，別再怨天尤人，怨天尤人是解決不了任何問題，要積極調整好自己的生活態度，勇敢的迎接人生的挑戰，盡最大的努力去做好每一件事情，去突破平凡才是最明智

的選擇，當你確定目標後，由於自身條件或社會因素的限制不能實現時，會受到挫折及壓力，你可以選擇改變目標，用另一種翻轉的角度先給自己留一點空間來思考，來代替自己，改變一下方向，讓自己先得到滿足或透過另一種方式來彌補自己內心裡的創傷，先驅散由於失敗而造成內心的憂愁和痛苦，再來增強自己前進的自信心和勇氣，你要相信凡事都有解決的方法，只要你主動找方法去解決問題，機會它就會主動找上門來，沒有解決不了的人事物，只有你不願意去解決的人事物。

　　一個人要成就大事，首先得先思考自己的目標態度，思考自己對自己的問題，養成這樣的習慣在創業過程的當中，你不斷地思考自己內心的想法和覺知，思考自己所做的是否正確，正在做的將來的發展空間如何，先學習不斷地向自己提出問題，問自己看看，哪些還需要彌補的不足之處，那些應該改正的錯誤之處，哪些是該向人請教不明之處，只有這樣你才會不斷前進走向自己的目標，一定要對自己多注意，整理自己的思路。成功固然離不開努力，在你的努力同時你還要研究方法，所有的成長速度會比你想像的更快，你要聰明靈巧的工作，不要只單純的努力工作，聰明的工作，意味著自己要學會覺知、覺醒、覺察。

你有幸來到這個世界，取決於大自然的恩惠、大自然的奧妙，大自然賦予每個人與眾不同的特徵，生活中沒有誰的基因會和你完全相同，也沒有誰的性格會和你絲毫不差，每個人都有自己獨特的方法來與他人交往，進而影響別人，你有權在這個世上，而你的生命和你人生存在的意義和價值是任何人都無法取代你的，你應該更要相信自己，雖然生命中有太多的無可奈何，但一切彷彿都是命運與我們在開玩笑，與其抱怨不幸，嗟嘆痛苦，逃避現實，不如自己做自己的救世主，給自己的人生一個承載力，對自己的生命抱持著熱愛與希望，對人生的認知與把握，對自我的需求正確的去追求，所有的一切足以承載帶給你生活種種的壓力，別忘了，命運是負責洗牌，玩牌的還是你自己，人生如戲，戲如人生，當你在欣賞一場戲，你用什麼態度去觀賞每一場戲，樂觀的態度還是悲觀的態度去觀賞任何一場演出時，你所得到的結果一定是截然不同的。

吸引力法則，說白了就是學會暗示自己，你聽起來好像很玄妙是吧！其實原理非常簡單，你認為自己是什麼樣的人，不斷暗示自己是怎樣的人，持續性向外展示你是怎樣的人，你最終就會成為怎樣的人。

　　所謂吸引力法則正是這個道理，你想要成為優秀的人，第一步就是先相信自己優秀，然後努力成為心目中優秀的自己，知道自己的努力說服了你自己，自然就會融入自己的生命靈魂裡，你就會驚喜的發現你真的很優秀，一切的改變、一切的調整、一切的轉向，都是先從相信開始的，當你不斷自我暗示，你真的開始相信自己具備所有品質之後，你的身體慾望行動力就會自己跟上，自己就會自然推動你自己，不要只相信運氣，相信自己的努力，行動起來。自助者天助，上天只拯救能夠自救的人，你只需要努力耕耘做自己該做的事情，剩下的就交給時間吧！

　　人生不過短短幾十年，像水一樣流淌不可遏阻，你要把每一天當作最後一天來過你的生活，認真過好每一天。生活並不是那麼的矯情，容不得你任性，你最想做什麼就去做什麼，這樣才能離你的未來越來越近。曾經沒拼過年輕的你自己，就不值得一提，你未在曾經火熱年輕當中做過真正的自己吧！或許你夢想過，想當像老鷹一樣自由飛翔的人，卻因人事物地讓你無法實現，飛向自己的人生夢想，現在的你，已充滿自信和勇氣可以迎接不可預知的未來。世界上，美麗的東西千千萬萬，卻沒有一樣比年輕更美麗，世界上珍貴的東西是數不清，卻沒有一樣比年輕更為寶貴，若你只揮霍，不懂得珍惜，那青春活力的老鷹，終究還是無法高飛。對你來說青春可能是奇妙的短暫，但它也是你人生的驛站，雖然像一顆流星瞬間即逝，你也要努力讓它成為一顆輝煌的閃現。有人說：青春是一本密密麻麻的泛黃的日記，還有人說青春是一路歪歪斜斜的腳印，我認為青春應該

是一行瘋瘋癲癲的快樂文字，陽光總是在風雨後才是最美麗的風景，只要你敢攀登就能見到它，就能擁有一個無悔的青春。

　　年輕，就是步入一段人生的迷宮裡，在經歷痛苦的蛻變之後就能獲得向上的能量，或許會有迷茫、有惶恐、有難過、有痛苦、有孤獨、有糾結，也會有讓你感到恐懼的黑暗，這就是青春。正因為這些存在你才學會在孤獨裡思考，在糾結裡選擇方向，勇敢的去追夢。再堅強的人也會有脆弱的時候，孤單的時候希望有人陪伴，難過的時候也希望有人安慰，失敗的時候更希望有人鼓勵，這時，你要學習勇敢的展飛人生，因為，如果你自己都不勇敢就沒人能替你堅強，你的堅強才能為自己追夢。事實上，大多數普通人都和你一樣迷茫，因為你生來就與富二代們在不同一個世界裡競爭，生活是很現實的，也是很殘酷的，並不會為你特意開啟綠燈，你只能擁抱激情、灑脫，在你人生路上忍著無奈、流著汗水，奔向尋找被你遺忘掉的年輕時候的自己。人生就像舞台，不到謝幕永遠不會知道自己可以有多精彩。

　　你的心情你自己做主，生氣不如爭氣，讓自己快樂的最好辦法就是自己爭氣，在知識上、在認知上、在智慧上、在實力上使自己再加倍成長，讓自己變得更加強

大後，許多問題就會迎刃而解。其實，每個人都有順境也有逆境，不可能處處都是逆境，每個人也都會有巔峰與谷底，不可能時時都在谷底，不要因為順境或巔峰就趾高氣揚、不可一世，也不要因為逆境或谷底就垂頭喪氣、一副半死不活的樣子，真正的人生需要磨練，在挫折面前如果你只是一味的抱怨、生氣，最終受傷害的也是你自己，雖然說每個人在遇到一些不痛快的時候，難免會生氣，喜怒哀樂，這是人之常情，無可厚非，但是如果你不適當的控制自己的情感，會在生氣之下，做出傻事，事過後，連自己都會後悔，最重要的是，要讓自己把握好心態，以及用積極快樂的態度面對人生中的一切，真實面對自己的不完美且獨一無二的自己，一個人就像一棵樹，要堅定扎根自己的土壤才有面對風雨的能力，這樣的你才能豁達明朗，尋找到你曾經失去的、年輕的自己。

可見在生活中，當你被冷落時，與其生氣、抱怨別人對你的態度不好，責怪環境的惡劣，你不如奮發圖強，自己爭一口氣，用實力來證明自己的價值，何必和那些人那麼較真呢！你可以不生氣，我們在生活中總是存在許多不如意的事情，無論是婚姻、生活還是工作，總有許多大大小小的事情會讓你生氣煩惱，有可能你也會小題大做，被情緒牽引著走，人是無人完美的。笑著

生活也是一種理想人生的樂趣,雖然它看上去很難,但也並非不能做到,只要你擁有一顆強大的心,讓自己不受磨難的情緒左右,那麼你的人生就會充滿陽光的氣息。

生活就像一面鏡子,你笑,它也笑,你哭,它也哭,不管是對人或者對事,都是一樣的道理,幾乎所有的人都懂,但是真正做到的、用到的,又有幾人呢?你常常又會不自覺的對自己打折扣,忘了對自己在生活當中微笑,或許你也常常抱怨生活,覺得它常跟你作對,你卻沒有認真想過對生活先擺出一張臭臉的其實是你自己。生活是一面鏡子,你看到的其實都是你自己的樣子。生命是一部沒有彩排的劇本,眼淚和心碎只不過是你人生旅程中的點綴,過去的是非雖然忘不掉,逃也逃不脫,所留下的傷口卻更需要你用堅強來治癒它。生命也需要用歷練才能成長,無論你傷心也好,快樂也罷,只要你重新出發,任何事情絕不會是你想像中的那麼糟糕,在人生旅途上,你所經歷的許多各種不同的經驗它會告訴你,你的生活大概是什麼樣子,是怎樣的人生才是屬於你自己的,還有哪些貌似正確的人生經驗和自己固執己見的生活模式,對你來說,你會漸漸的也懶得去改變生活方式,或者你也害怕改變,覺得自己累了、老了、超脫了、有心無力了,所以你安於現狀生活。你有

想過嗎？你年輕時還有很多感興趣的事物你還沒有機會認識它們，你可以試著去拜訪、認識它們，給你自己有未來新事物的機會，就等於是你給自己學習的機會，你曾經想擁有的興趣與夢想，它會讓你知道你可以在每一天看到最新鮮的風景、最科技的人事物地，也會再讓你滔滔不絕的想去尋找寶藏，讓每一天都是新的開始。你還有很多事情可以全新的投入去完成它的，給自己機會去尋找自己曾經失去年輕的自己。請不要讓自己生活在那些所謂的約定世俗裡，它只會成為你更新自我腳步的絆腳石。

　　你可以在自己的世界裡過著跟別人不一樣的生活，不要讓世俗約定成了你生活的禁錮，可以讓自己有一雙藝術的翅膀，自由的穿越，跨過你原本的生活模式，讓自己勇敢去面對所有的不安，突破自己去擁有平常人一生都不可能擁有的精彩生活，不再讓自己重複生活在固定的模式裡，讓自己隨時隨地都可以去尋找新鮮的事物，像跟自己內心世界談戀愛，吃飯時可以跟你眼前的美食談戀愛、旅行時跟每一座城市談戀愛，讓自己每天都能獲得戀愛的幸福感，隨時隨地你都可以去創意著自己要的生活。從來沒有人會告訴你生活必須要怎樣的又

哪樣的，只因為你長期把自己禁錮在自己的模式裡，所以你現在的日子都是參照別人來過的，你以為大多數人既然都如此，那就是對的，可是你真的都沒有想過嗎？生活是沒有對與錯的，它只有是否讓你自己覺得舒服快樂，假如你還是覺得你已經厭倦生活的一切，那說明你目前的生活已出了問題，如果你不想讓它垮掉，你就得給自己注入你從來沒年輕過的活力和燦爛的陽光，快去創意新鮮事物吧，讓自己變得跟任何人的生活都不一樣，那樣你的人生就會相當的不留白。這才是你最好的催化劑，當心結再解不開就把它繫成蝴蝶結吧！

人生最期待的不是富有，而是一輩子的自由。

妳是妳

不要慌、不要慌，太陽下山有月光，女人比男人承受著更多的不安全感，這不是空穴來風。

很多女人都有這樣的感覺，本來日子過得好好的，突然有那麼一天，天昏地暗，情緒開始無理取鬧的對自己勒索，對自己襲來的風暴無法控制，看什麼事情都不順眼，一點大的事情就焦慮不已，究竟是怎麼了？或許妳不知道，或許妳知道，但是妳並不願意去承認自己內心的無力感，妳也完全明白沒有所謂的避風港，但妳卻會麻木自己，只希望自己記得所有美好的時光，卻不願意想起任何清晰不愉快的回憶，妳不知道自己應該從哪個困惑和焦慮中解脫出來。

妳太博愛了，妳只會關心著身邊每個人，特別是對家人和愛人，甚至可以付出妳的生命，唯獨妳心裡沒有自己，妳太過注重身邊人的感受與他人的字字言語，不管妳做任何事，都習慣想著別人會如何看待妳，妳做

任何一件事情只要聽見反對的聲音，妳就會退怯和遲疑不定，妳永遠害怕沒有存在感，妳甚至完全不了解自己存在的重要性，往往都忘記了自己，每到夜晚妳的心就像洋蔥般被層層剝落，想起遇到的困難，想起人生的不順，想起已經弄丟的人，妳就無法忍受夜裡孤單寂寞的難耐，每個女人都需要一個小宇宙，這個小宇宙就是妳自己，是時候了，該愛自己了，當妳真正愛自己才能愛妳的家人、愛妳的男人，先愛自己，妳才會有存在感，真正的存在感來自妳對自己的自信心，也是妳在每個階段性的過程當中必須面對的。「現實」兩個字是妳必須知道的，因為它是妳真正的歸屬感和勇氣，妳可以在內心深處對自己的心聲表達自己的位置，很多時候妳內心的痛苦都是因為自己放不過自己，遲遲不肯與自己和解，不肯與妳過往和解。再次，另一個妳自己伺機跑出來搗亂妳的生活，妳就會再糾結、掙扎、矛盾，不放過妳自己。人生的苦大於樂啊……妳長途跋涉之後，就會體會到能一路相伴的也只有妳自己。

命運的掌控，在於妳自己，妳最大的對手永遠都是妳自己，妳可以主宰妳自己的生活而不是讓其他任何人去掌控妳，掌控權不是妳的父母也不是妳的愛人，妳有權利選擇過自己想要過的生活，妳有自由選擇按照自己的想法來設計自己的生活，任何其他人是沒有權利、

義務設定妳要生活的方式，妳只要為自己而活，對自己負責，不要把自己弄丟了，不要把自己人生的掌控權隨意交到他人的手上，試著掌控妳自己的松果體的想法、思維、行動，它就是妳自己的想法，妳就是妳，沒有任何其他人可以介入妳的思維、妳的空間。給自己提起真正的勇氣踏出第一步，不再隨意進入他人的世界裡，也不再隨意讓他人進入妳的世界裡，不然當妳再愛上一個男人，妳就會再不自覺的變得很低很低，一直低到塵埃裡，雖然愛上一個人沒有錯，願意為他做任何事情當然也沒有錯，愛本來就是要付出的，可是妳知道嗎？這世界上任何事情都有底線的，愛情也不例外，無論何時愛情當中的主人公都是兩個獨立的個體，即使妳們情深意濃，妳也不應該迷失自我，一不小心，妳會為了取悅他，而改變自己，包括說話的方式、妝容打扮、自己的習慣，妳的依賴性會越來越強，妳甚至自己做不了自己的決定，什麼事情都要問他，自然而然不知不覺中妳漸漸的就會再次失去自我。忘記了妳自己的存在，妳才是屬於自己的。

認識自己十分重要，妳有問過自己？我是誰？妳傾聽過自己的聲音嗎？妳重視自己的想法嗎？我想我不會再強調別人的重要而忽略妳自己的力量，許多自己的力量在於妳自己如何去尋找，並不需要從他人的口吻上告訴妳，妳該如何、該如何，妳總是活在別人眼光中，活

在他人期望的事情上，做他人喜歡的人，卻沒有問過自己真正要的是什麼，世界上最累的人就是那些總是想要左右逢源，試圖想讓所有的人滿意，我知道妳只希望可以受到尊重，而妳卻不知道這個世界上有很多事情並不是如此單純，凡事必然會受到外界的批評甚至辱罵，有時，甚至妳根本沒有做錯任何事情，也會遭到不公正的對待，人處在現實複雜社會之中難免會被一些錯綜複雜的人際關係和利益所牽絆，很多時候是因為立場不同、角度不同，不管自己做了什麼都必然會受到一些人的非議，如果妳總是過分的在乎這些非議，總是試圖去迎合別人的期待，那麼妳一定會失去自我，妳永遠不可能讓所有人滿意的，甚至妳會完完全全的失去自己，重要的不必去迎合所有的人，妳只要記得妳就是妳啊！

生活不過是如人飲水，冷暖自知，只有妳自己才真正明白妳想要什麼、期待什麼、想成為怎樣的人，也只有妳自己才有資格規劃自己的人生，決定自己的未來，要知道，別人的期待很難成為妳的幸福。當妳再次遇到失敗，妳又會想向外尋求別人的幫助，想企圖依靠外界的力量站起來，雖然這種想法每個人都會有，或許妳可以獲得別人的幫助，但這種幫助只是暫時的，是無法給自己真正力量的，若有一朝一日再次遇到同樣的問題，妳依然無法獨自解決問題。妳知道嗎？真正的愛，其實根本不用多麼精彩，不用去多麼迎合他人，要明白，墊

起腳尖的喜歡是站不穩的，真正喜歡妳的人，自然會彎下腰的，妳不要一直忘記自己是很優秀的，雖然人生伴侶很重要，也要相遇到對的人，對的人，他自然就會疼愛妳、成就妳，當遇到不對的人，它只會消耗妳，真正好的愛情是不會互相消耗的，也不需要妳彎下腰桿的，腳下的路要自己去判斷，方向自己承擔決定，心中的夢想自己去完成它，先穩定自己，把應該屬於妳的事情先都做好，那才是最基本的態度。生活自然就會把該給妳的東西，會在適合的時間歸還給妳的。其實人生就是一種感受、一種歷練、一次懂得、一場博弈，告訴自己一定要靠自己來努力，當然，我還是老話一句，妳就是妳，先愛自己，別人才會愛妳、尊重妳。

我們降生在這個世界上，先有了自己這個個體，然後透過身體與大腦認知這個世界，才能與他人溝通交往和決定自我的重要性，也決定了一切都是要建立在「我」的基礎上，先認識自我，管理好自我，妳才能順利與他人交往，積極開朗自信的生活，不再消極、悲觀、絕望，如果妳將順序顛倒過來，妳還沒有認識自己之前就先去認識他人，那麼妳對他人的認識也不會很全面、很客觀，在還沒有將自己塑造成一個獨立人格、獨立生存能力的個體時，就先去強求別人或尋求別人幫助妳，即使別人想幫助妳也不知道如何才能給予妳真正的需要，妳會發現失去會比得到更可怕。一個人最可怕

就是內耗，過度的自我消耗，過度的分析、思考以及自我否定，妳會發現自己是多麼的渺小，即使妳什麼都不做，妳的精神上的消耗往往會比妳肉體消耗的更煎熬，讓妳壓力大到快崩潰，沒有人會心疼妳的，因為它是妳經歷中多了一個過程叫「曾經」，過去的曾經如果妳還一直惦記著它，不敢去突破曾經的話，妳會連夢想都不敢去想，那麼妳連輸的資格也都會沒有的，別傻了，別把自己變成那個身背重擔的人，獨自前行吧！我知道妳不想辜負別人，但妳要先學會珍惜自己，相遇的人難免會走散，相逢未必能相擁啊！別人可以自嘲的，但妳千萬不要附和他人。只要常常提醒自己妳就是妳，沒有任何人可以代替妳。

世界上，沒有不努力就有美好的結局，結局和妳想像中的永遠都會不一樣的，或許它跟妳想像的一樣，那它就是童話，如果妳可以接納自己的不完美，情況就不同了，妳可以客觀的看待事情，不光看到消極的那一面，也會注意到積極的那一面，就會發現自己身上的優點和需要改進的地方，其實每個人都有自己確實的弱點，只要覺知、修正、改進，主動學習以求完善自己、接納自己，當妳接納自己就解放了自己，妳可以把妳的目光焦點轉移到看看自己，妳就會發現這個世界因為有「妳」而更加美麗。

主題 *14*

找到勇敢的自己

　　人生中會有很多艱難困苦的人事物，這往往都是你最大的障礙，你的地位高低、身分的尊卑，乃至事業成敗，往往來自於你努力的程度，成功靠自己，自己的事必須自己做，當你遇到失意的人生或遭遇到種種困難時，你卻都選擇逃避，你的軟弱、你的膽小，就會成了自己人生的障礙，很多時候你遭遇到挫折或落魄人生，並不是你的命運差，也不是自己的能力不夠好，而是你缺乏一顆勇敢的心去挑戰、面對世界。

　　任何一件人事物都是你從小就養成深遠、持久、固定的模式，因為你的軟弱，所以你從來都沒有真正認識自己的生活。你的膽小與軟弱其實都存在一種恐懼，是未知的恐懼，因為你害怕恐懼與不安而將自己永遠保護在已知的安全範圍裡，讓自己生活在最熟悉的世界裡，你無法勇敢跨越到屏障之外，因為從來沒有人會告訴你、教導你，你該在什麼時候的關鍵時刻，去體會人生的酸甜苦辣過程，你更不知道要如何把握一些艱難任務

的方法。其實很多人的人生過程並不需要他人的教導，你只是從小在原生家庭裡被告知，需要在小小的鳥籠裡，固定生活是最安全的，現在的你，需要勇敢一些、堅定一些，大膽的去挑戰，而你往往又會受到他人的影響讓你三思而不動，錯失良機，需謹慎思考，舉棋不定、猶豫不決的不敢勇闖前進，會讓你變成萎靡不振，變成沒有主見的人，說起話來吞吞吐吐，毫無力量，做任何工作也難免會拖泥帶水，到頭來什麼事物都會弄得一塌糊塗，最後，成為可悲的自己，越來越不自信。

你要知道，相信自己就是相信自我，你是有價值的，這種價值體是你唯一的機會，隨時隨地去覺知、認同自己的價值體，你就能夠拋棄自己的軟弱點，欣賞自己的個性，不再在乎別人如何評價你，你就能為自己贏得一片天地。如果你不相信你自己、不尊重你自己，那自然就不會得到別人的信任，當你再遇到自己感到恐懼的事情時，只要勇敢的去接受挑戰，你就會覺得沒什麼事情，沒有你想像的那麼可怕，現實生活中，很多人喜歡把某種不好的結果歸於命運的安排或老天爺的造化，認為自己的失敗是命中注定的，可你往往越是這樣子想，就會越容易失敗，你該怎麼做呢？開始，不要依賴命運而應該努力做自己，當自己命運的主人，在不可戰勝的人事物面前，鼓起你的勇氣，用你的智慧，一點一點去擊敗它，即使是醜小鴨也要活得漂亮，很多時候勇

敢一些就可以讓你變成無法預知、更優秀的自己，只要你願意給自己更多勇敢的機會、更多的努力去突破，就沒有什麼不能完成的事物。

你可以對自己說聲，我最崇拜的是我自己，你可以勇敢的大聲對世界說「我崇拜我自己」。或許，你不敢對自己這麼大聲的說出吧！你也可能會害怕說出來時會受到他人的非議，因為你覺得自己太平凡、太渺小，不值一提，就像一根小草，在花叢裡的那麼不起眼，可是，你真的有那麼渺小嗎？微不足道嗎？云釩老師說過：「人應該先尊重自己、愛自己，自己才配得上最高尚的東西。」不要覺得自己太渺小，也不用去崇拜他人，你就是那一位最棒的人。

其實，你還能在苦難環境當中掙扎求生的話，那就是你在這個世界上是一個頂天立地的優秀之人，你只要懂得欣賞自己的價值就不會在淒風苦雨中自暴自棄，也不會失去勇氣和自信，每個人都是最優秀的。你要先相信自己，就能夠得到他人對你的信任，或許很多時候連你自己都不知道，原來你自己還有這麼多的聰明才智，未被開發出來，因為你的眼裡一直只看到別人的優秀，而沒看到自己，你只知道羨慕別人，卻忘了欣賞自己。真正勇敢是你內心的強大，無論外界有多少誘惑、多少挫折，你都能無恐無懼，依然可以守護著內心那一份堅

定的信念時，不管你再遭遇到任何困難，到時候你一樣可以勇往直前，只要對自己有更多的自信，保持樂觀的心態，哪怕你那弱小的身體，也會爆發出驚人的力量，會積極的去面對你生活每一次的挫折。因為每一次的挫折對你來說都是一筆人生財富，生活本來就是豐富多采的事物發展也是相輔相成的，當你試著用一種包容的眼光去看待任何一切事物時，你就不會再讓自己沉浸在失敗裡，就會更光明的去對待接受失敗，會有突破自己勇敢的精神。

　　我曾經也處在極大的承受壓力下，不僅我的工作、我的家庭，我都對自己要求的非常嚴格，從來不放鬆自己，當時的壓力讓我日子變得很沉重，但相反的它也讓我覺得很輕鬆。每次在壓力困惑的當中，我會讓自己轉換為另一種思緒，告訴自己，沒有事的，我可以很好的，思緒只要遇到打不開的鎖、關很緊的源頭，讓我無法喘息承受的事物時，我的思維就會湧上一股力量，不可能會一直打不開，腦袋就會一直反覆啟動，開啟、關閉、開啟、關閉、開啟，沒完沒了的對自己說：「沒事的、沒事的、沒事的」這句話，常常鼓勵我突破我自己，我一直都認為任何一個人都會在壓力下努力做自己該做的事情。我度過自己每一天的工作時刻，我讓自己的生活和工作變得充實又有意義。至於工作、事業的壓力都是每天不可或缺的東西之一，因為壓力會使自己盡

最大的努力，會讓生活和工作變得更加充實，或許這樣的想法在很多人看來，難以理解，但事實上壓力也是讓我能過輕鬆的日子，壓力與疲憊曾經也讓我像個陀螺一樣，轉個不停，但它卻也創造了我生命的價值，我也用積極的心態勇敢去突破我自己高難度的外地事業，畢竟路是我自己選擇的，總而言之，在我們的生命旅程中，時時刻刻都會充滿著壓力，只要不被壓力拖垮，有朝一日一定可以看到自己走過的路是多麼的俊俏美好。

你可否想過所有的抱怨有用嗎？你可以去改變不理想的現狀，讓自己不再當抱怨婦的抱怨，日子還是要繼續過下去的，牢騷只會讓自己心裡添堵，不要怕別人嘲笑，相信自己的選擇，勇敢走自己的路就對了，只要自己喜歡滿意就夠了，在生活中不要再渾渾噩噩的過日子，或許你會以混口飯吃的態度來對待生活，自然不會奢望生活能帶給你什麼豐富的回報。你用心想過嗎？為了家庭、為了生活，相反的，換句話說：你會想和這樣的人一起生活嗎？如果你充分相信自己，勇敢一點，那麼你一定就能完全可以做出正確的選擇，敢為自己的世界留下美好的生活。

「財富」總是偏愛那些勇敢者的努力，要知道，只有自己勇敢的努力，得到自己的肯定才會得到別人的賞識，你只要勇敢一點就能抓住每一次機會，也就能讓你

自此一鳴驚人，無論什麼時候都應該把大部份的時間用來提升自己，剩下的就順其自然，能決定自己未來的，只有你自己，你選擇走怎樣的路，就能過怎樣的人生，在每一個困境都深深藏著生活的轉機，只要熬過不如意的一切就會慢慢變好，有一些事，害怕也沒用，倒不如勇敢去面對，就能找到解決的方法，人在低谷要勇敢點才有機會擺脫困境，無論生活如何對待你都要勇敢的面對，無論順逆都是人生的責任，只要勇敢站起來才有重新的開始。

　　靠人不如靠自己，你的勇敢就是你最好的贏家，老天爺只助自助者。「凡事沒有最好，只有更好」。

尋找快樂的自己

「放下就能快樂」快樂是一顆開心果。是一粒解煩丹。佛說：「捨得，心無罣礙。」

放下壓力你能活得輕鬆，放下煩惱你能活得幸福，放下自卑你能活得自信，放下懶惰你能活得充實，放下消極你能活得成功，放下抱怨你能活得舒坦，放下猶豫你能活得瀟灑，放下狹隘你能活得自在，想快樂生活，其實很簡單，你不一定要輝煌，不一定要有地位，只要有一顆放下愚昧的心，懂得感受自己、接受自己的身心靈，釋放自如，珍惜眼前的人事物，偶爾停一下腳步，慢活。

其實你一直有比別人更好的智慧與智商，你卻忘了你自己的聰明，常常活在自己的框框裡不懂得收斂，只活在你認為對的世界裡，生存在這個現實社會上我們都是必須付出很大的努力的，因為現實社會是一個大團體，並不可能以你為中心，不要認為自己是最偉大的，

當你不能認清現實生活的形勢時，你就沒辦法定位自己的位置，也因此你就無法找到你應有的東西。生活之中每一個人都是一樣的，還能夠生存在這個社會上的話，就都會有一定的優點，例如長相的優點、頭腦上的優越、家庭背景的優越等等，優越可以說是無處不在的，但是如果你拿這種優越去自負、去自傲，而不懂得天外有天、不懂得謙虛做人，那麼你也只能在比較中尋找煩惱，痛苦一生，所謂天外有天，不是說所有的人都不如你，如果你喜歡把那種比別人都好的心態放在最重要的位置上，哪怕，哪一天你遇到一個比你更好的人，你又會如何看待自己呢？兩強之爭必有輸贏，你不必自豪、自負，做人處事都必須要有尊重他人和自己謙虛的態度，也要懂得扮演各種角色，在社會上所扮演的角色是不能對他人人身攻擊，這樣的你才可以找到快樂的自己。

只要你願意，你可以擁有無限的快樂，學會保持開放，快樂就是這麼簡單，快樂跟年齡無關、跟性別無關，只要你想要隨時都可以找到它，快樂可以讓你在特別沮喪的時候不再感到疲憊，只要內心充滿溫暖快樂就不怕困擾，快樂也會成為你嚴重不安的鎮定劑，心情快樂，其餘的人事物就會瞬間變好事，也能讓自己感覺能量滿滿，精力充沛。快樂這種能量是可以一瞬間成為溫

暖的事，甚至你無法察覺它從何而來，其實它就一直蘊藏在你的身體裡，自然的內心深處都會有一股快樂的感覺，既然快樂能量一直存在你的身上，那為什麼你不能一直保持這股快樂能量呢？因為，你常常把自己當作敏感的人，一件小事情就會讓自己感到委屈或感到沮喪，你的下意識就會馬上選擇封閉你自己，把自己封閉起來，就像一間小黑屋切斷一切與外界的聯繫，沒有光，自然就沒有快樂的能量流動，封閉自己是一種壞習慣，是一種輕易放棄的逃避，因為你會輕易的讓自己感受到潛意識的恐懼，而這種恐懼是你曾經常存在的經驗，也是過去回憶，你過去的烙印會影響你當下的反應，讓你對任何事物感到恐懼，就會影響你的選擇，並且你會打開或關閉自己，你不應該讓過去發生的事物再產生負面情緒來影響你決定的生活，關閉內心是不能真正的保護你，反而會切斷你內心裡的快樂，快樂與不快樂來自於你如何選擇它，你可以選擇鎖在一個充滿限制性的空間裡讓自己無法喘息，也可以選擇讓自己獲得快樂的能量，當然你想獲得快樂的能量就要學習保持開放，這樣才能聚集更多強大的能量，自我強大的能量是一種下意識的自我保護，請你打開吧！所謂的保護會讓你越來越成熟，假如你再不敢相信接受新的事物的話，同時你也無法享受生活中的每一件事物。請不要再關閉自己的心

靈了，讓整個世界都為你敞開快樂的生活，快樂會鼓舞人心，會有許多充滿愛和喜悅的故事，值得你去追尋擁有，去體驗更多美好的瞬間，相信這個世界，沒有什麼值得你去關閉自己內心裡的快樂，就讓自己的雙手按下快樂鍵吧。

　　生活在這個宇宙裡，我們總會面臨生老病死，面對從天而降的災難，只要保持著心中一份寧靜的生活態度，當遇到事情時不妨沉穩著，冷靜思考去判斷正確的局勢來及時的應變。得與失的界限，永遠無法言喻，當你自認為得到越多，可能失去也會越多，你不如隨性一些、灑脫一些，不患得、不患失，保持自己有一份理智的智慧，坦然面對所有享受人生的一切，很多人事物得到未必幸福，失去也不一定是痛苦，保持覺知、覺醒，只要淡定、穩定，失去時更要堅強、要理智，內心的快樂自然就會找上你。你知道嗎？樹根上的小蘑菇它的壽命不到一個月，因此小蘑菇自己也不理解一個月的時間是多長。蟬的壽命很短，春天誕生，夏天牠會死亡，秋天誕生，冬天牠會死亡，牠們的生命都不到一年，牠們不知道夏冬，牠們只知道春秋，牠們的生命都如此的短暫，一般人會覺得牠們很可憐。然而在你眼中卻不懂得珍惜自己的生命，你知道嗎？生命是無價的。你的生命

是來自於父母給予你的，認真的想一下，你是沒有資格傷害你自己的身體，再認真想一下，大家同樣都有一個身體，你為何不把自己過著讓大家羨慕你的生活呢？或許這個時候你會覺得沒有我所說的這麼簡單。我會說珍惜生命、珍惜身體，是因為我曾經也不懂事，在年輕時我也常常覺得自己不快樂，我也常常問我自己為什麼要活在這個世界上，為什麼我不能和他人一樣快樂，我自己也曾經想過要了結自己的生命，後來我體驗到，既然想要結束生命，何不把自己過得精彩一點，我留下我的母親、我的孩子，我得到了什麼？我想要快樂，我就必須去尋找到自己，我想要比別人更快樂我就必須更努力學習，真正體會到這一點的時候，我就很想告訴你們生命比任何一件事情都還要來得重要，金錢我們可以慢慢的賺，生命只是如此一瞬間的珍貴。

簡單的生活是快樂的源頭，也可以省去汲汲之外物的煩惱，可以為自己開闊解放身心快樂的空間。簡單可以找到生活的快樂，平凡是人生的主旋律。簡單是生活的真諦，生活當中絕對不能猜忌任何一個人，不然自己也會總覺得不被他人信任，現在社會有許多婚姻的問題、親子關係的問題，甚至在工作上的緊張又不信任對方的狀態下，彼此之間猜忌的心態會呈現出來，就會

讓你的生活無法正常進行運作下去。無論何時何地你要是遇到這種情況時，就要先放下猜忌，讓自己平和寬容的去對待別人也對待自己的生活，這樣才可以找到真正快樂的自己。生活中，常會看到有些人總是鬱鬱寡歡，原因就是在於很少會想到自己已經擁有的，總是想著置身其中沒有的，總覺得自己擁有的微不足道，抱怨自己所沒有的，眼裡只容納別人的，從來不容納自己所擁有的，當然你就無法快樂起來，雖然世間上有很多事情，難免會發生讓你看不順心的事，假如你是快樂的人，絕對不會將那些事情藏在心裡，其實快樂就是珍惜自己已經擁有的一切。一個笑看得失的人，他總是深信自己和簡單的足以夢想，真正成功者只在自己的成功中追求卓越，不會把成功建築在別人的失意上。能夠笑看輸贏的人，總是非常快樂，因為不求名利、不求回報，聰明的你，應該知道從內心裡呈現出來的東西，是願意分享快樂的，懂得用自己樂觀的態度表達自己對生命的熱愛，當你遇到不愉快的事件時不要表現在臉上，也不要對別人生氣，而是退一步，贏得別人對你的尊重，可以用你的熱情來迎接轉換不華麗的外表，讓他人知道你有一顆真誠善良的心，不華麗的外表不能代表你，你的快樂自然會從臉上散發出來，別人也能感染到你的熱誠與自信美。

其實生活原本就有許多快樂的，只是你常常會自生煩惱，「空添許多愁」，許多事業有成的人常常這樣感嘆，事業小有成就，但心裡卻空空的，好像擁有很多，又好像什麼都沒有，總是想成功後去坐豪華郵輪、去環遊世界，盡情享受一番，但真正成功了，仍然沒有時間、沒有心情去完成心願，因為有許多事情，讓自己放不下。所以沒有了快樂，你可以問問自己值得嗎？人世無常，生命短暫，恍惚間一生便匆匆過完，你總是要經歷過，世間事，才懂得珍惜，才懂得看淡人情世故，其實世間事一切皆有定數。

生命的長短總是有限的，唯一沒有界限的便是你自己可以在短暫人生裡融進無窮的快樂，只有心中有愛、心中有自己，才會有渡口、才會有船隻、才會有明天，快樂自己找。

主題 *16*
安全感自己給

　　生活、感情，它會改變著我們，有些我們看不習慣的東西，慢慢會養成習慣，曾經我們想要的東西，過些日子我們可能又不想要了，然而有些我們不想要的東西，我們又很執著的想要，後來，會使自己變得很複雜、很矛盾或灑脫、庸俗之間的互相拉扯衝突。會在灑脫或矛盾當中或在失去或得到之間學習到痛苦，痛苦也會讓你變得很堅強，你所付出過往的代價逐漸也會讓你成長，在你難過的時候，你或許沒有流下任何感傷的眼淚，但並不代表你沒有淚水、沒有難過，你只是會用一種灑脫的態度去面對你的生活，你欲哭無淚、欲訴無語之後，你就會更成熟穩重，當你累了沒有人疼，要學會讓自己休息，哭了沒人哄就要學習自立，痛了沒有人懂，就要讓自己放下壓力不再抱怨，沒有人有義務一定要去幫你，當然你也不必要自暴自棄，只要自己肯努力就會有好成績，當沒有人可以讓你依靠的時候又唯心相依時遭受打擊，你一定要自強不息，就算全世界拋棄了

你，你也要對世界大聲說：我自己可以的，我會給自己安全感的，我做得到的，我會保護我自己。

　　你的心安、你的安全感都是靠自己努力得來的，有時候，你會遇到一些委屈，是很難讓你說出口來的，就算有人問你，你也不知道該怎麼說出，就算有人關心也不能替你承受痛苦，你嘴裡有很多話，說不出來的沉默，已經代表了所有一切。你很心痛，默默的淚水就是你對自己的傾訴，你能夠和別人分享的大部分都只是虛假的快樂，能和別人交流的總是那些無關緊要的事情。甚至一些難以承受的經歷你只能讓自己去感受，因為那一些心情也只有你自己才能懂，你說不出來的委屈才是真正的委屈，心裡的痛苦才是你真正的痛苦，事情沒有發生在別人身上，別人不會知道你痛苦的輕重，感情不是別人可以參與的，別人也不知道你有多痛苦，當別人在勸說你，你或許也會說「誰都會說」，這就是你自己開導不了自己的心聲，大道理很多人都懂，但是你怎麼想也想不通，你何必為難自己，執著得不到的感情呢？還不如不要留，留不住的人，你不如放開手，人生有得就有失、感情有冷也有暖，換一扇窗才會看見不一樣的風景、換一種心境才會有不一樣的心情，主要是你自己該怎麼去想？畢竟安全感都是自己給自己的，從別人那裡尋求安全感，只會讓你自己更受傷。

　　你的生活不要讓別人影響你的心情，真正愛你的人是捨不得你不開心的，不愛你的人永遠不會在乎你，眼淚能夠博得同情，但是一定換不來真感情，假如你一直楚楚可憐會讓人輕視你，不會重視你，你不要沉默，沉默只會讓你一個人難過，你要開心的笑，笑容才是你最美麗的姿態，你應該堅強的活著不被別人看輕你，你要活得快樂，還是不快樂，都是你自己決定的，安全感是你自己給自己的，沒有必要去取悅任何人來改變自己，只要你能為自己盛開，讓自己生活多采多姿，不要為了讓別人喜歡，卻失去了自己的精彩，我們不可能讓每個人都喜歡，只要盡力做好自己，伸手要來的安全感毫無意義，常被提醒細節時，會讓你分文不值，你的靠山只有你自己，你的壞情緒要自己去消化，能讓你撐腰的那個人就是你心中打不敗的自己，終究安全感是要靠自己努力來的。應將把自己當作人生的主角，細心品味角色，挖掘角色的潛力，成為獨一無二的自己。要是你將自己做為別人的配角，你就會讓自己微乎其微，隨著時間流逝將會失去自我，請不要成為他人故事裡的陪襯，無論如何你都需要不斷挖掘屬於自己的智慧和靈魂，要在精神上建造一個內心強大、獨立的自我，你知道嗎？不敢扔掉游泳圈的人，永遠學不會游泳，你一直依賴別人，就會感到迷惘不知所措，永遠不要太依賴別人，你要是在別人身邊長期安逸的生活，雖然會很快樂，你

的世界或許也會很燦爛，但是你不能保證別人不會離開你，當別人離開你之後，你就會沒了自己的世界，每個人生命過程中會出現很多種人，有些人或許跟你一面之緣、有些人會陪你走一程，也會有些人陪你走一生，不管你生命中會出現什麼樣的人、會發生什麼樣的事情，你都不能太依賴別人，因為再親密的人最後還是會離開你，總有一天你會一個人走過剩下的歲月，為了讓自己痛苦少一點，孤單感不那麼強，就要獨立起來不能太依賴別人，學會自己走在這個世界上，征服自己，學會控制自己不單是一種非凡美德，更是一種獨立光采的自信。

想讓自己更有安全感，一定要有獨立的經濟來源，錢的好處不言而喻，雖然錢不是萬能丹，但沒有錢是萬萬不能，錢的魅力很大，對一個人的生活來說沒有錢跟有錢的差別就大了，有些女人在婚後就開始圍繞著老公、孩子生活，不知道錢對自己的意義在哪裡？於是慢慢的就麻木了，從一個主動使用金錢的女人，變成一個苦苦哀求金錢的怨婦。沒錢的女人總是羨慕有錢的人，卻不知道她人是如何辛苦努力打拼，用什麼訣竅才能賺到了很多的財富。有些人透過自己找到長期飯票的方法來讓自己變得有錢。殊不知，這種方法只是一時有錢，那些錢並非真正屬於自己的，你有想過自己掙來的錢握在自己手上，是不是比較有安全感呢？我也富有

回家吧！我的靈魂

過，我也窮過，因此我知道有錢會比較好過，命運曾經
戲弄過我，讓我跌到谷底，從零開始，我沒有屈服於我
的命運，我知道金錢的重要，只有自己能夠努力打拼才
可以找到自己的踏實感、安全感，雖然我不能用金錢來
定義我自己，但是金錢讓我面對困難時可以有活下去的
動力，可以讓我找到另一個新的開始，一個高度，所以
我用我的雙手賺取我應有的金錢，相反我也得到屬於我
自己的安全感。事業、工作是我的必需品，我從來不敢
奢望等誰來當我的救世主，救我於水火，我更寄望於自
己，希望自己能安心享受當下的擁有，不奢求他人給予
的安全感，我也從來不會想那個、這個，我只會想我自
己能給予我自己什麼，畢竟可以給自己的才是最有價值
的，也是我獨立的保障與安全感。

　　很難在別人身上找到你要的安全感，因為任何人
的愛都是自私的，不可能給予你百分之百的安全感，想
要百分之百的安全感，就只有自己給自己，無論你是美
人胚還是醜小鴨，首先你要給自己安全感才有資格得到
別人的愛，不要輕易相信任何人給你的深情款款，當他
人手握著對你說「我愛你」，你要明白這個「我愛你」
往往都是有保存期限的，過了保存期限你就會感到強烈
的不安，你可以在有限期內好好的與他相處，不要等到
它過期了，到時候你就會像無頭蒼蠅到處撞牆，糾纏著
過去的感情它會讓你留下籠罩的陰影。假如你想要有一

段好愛情，想要一起走下去，那你自己就要先給自己安全感，不要讓自己遇到一些小事情就歇斯底里的表達自己的不安，疑心病會讓你極度缺乏安全感，容易患得患失，特別是你在意的細節需要事事回應，件件要有著落時，他人要是稍微對你一點冷淡，你的懷疑、你的疑心病又會叫醒你，你的不安全感就會開啟你的無理取鬧的鬧劇，其實就算你多麼在乎對方，也要學習給彼此尊重、給彼此空間，真正愛一個人不管如何，你都要懂得控制自己的情感先給自己安全感，才有辦法給另一半有安全感的感覺，兩人相處在一起時才能快樂自在的互相分享各自生活中所見、所聞以及所思、所想的人事物，這才是真正的真感情。

　　一個人的安全感要從哪裡先得到呢？要先學習自己在經濟上強大，要獨立、要有生存的能力。自己要有生活的保障，不害怕他人隨時會離開你，雖然生活中大多數女人都是普通女人，都一樣會有喜怒哀樂，都一樣會有壓力、有困境，但這一些我們都要靠自己來消化、來面對、來解決，不再依賴別人，這樣子的活出你自己。誰才是最有資格得到安全感呢？就是你自己。

　　因為安全感終究是自己給自己的。

回家吧！我的靈魂

—— 主題 *17* ——

有健康才有妳

　　妳是不是也常聽到朋友告訴妳，還是妳告訴自己這裡痛、那裡疼，我暈、我無力，身體都非常的不舒服，鬼打牆了，老了嗎？身體的機器壞掉了嗎？故障了嗎？該怎麼辦？這時候妳非常無奈的覺得自己不知從何說起，是吧？

　　每個人都有身體，身體是宇宙給予人類最原始的智慧，妳懂身體的秘密嗎？了解自己的身體就能獲得自由。

　　每個人的身體都不一樣，每個人身體裡的靈魂更是千差萬別，每個生命狀態都是本身長期存在參與的結果，所以，關注自己身體就像關注一顆種子，只有了解自己的身體才能理解身體的狀況，懂得與健康身體建立連結並透過身體來表達釋放壓力的情緒，當妳很焦慮、壓力很大的時候，妳會莫名的感覺到身體有一些疼痛或是緊張，妳也會突然覺得身體的不舒服，這就是身體的

反應在告訴妳，身體都知道的，它儲存了妳的記憶與經驗感受，它透過潛意識來表達讓妳知道身體健康的訊息，身體每一個細節、每一個細胞都是妳的情感、心智認知的模式，妳的思維模式和人格特質水平綜合體，都會影響妳日常生活作息的情況，當妳身體發出任何警示就會記載在妳的身體裡，讓妳乘載著所有的疼痛感去探索身體哪兒已亮起紅燈。

　　當妳的身體不容易去認識世界看待事物的角度時，你身體靈魂的記憶會從非黑即白的割裂和單一性，去轉向整合多面性的發展，這時妳幾乎會在生活中常有矛盾、衝突、爭端，困難，是因為妳都緊緊的抓住這些觀點不放，無法用完整的視角去看待他人的人事物和與人相處模式的關係，自私的引起爭吵，讓自己內心不愉快，卻不知道自己長期的不愉快讓身體已亮起紅燈。妳可以換個角度去思考、換個位置站在對方的立場去想想，轉變一下心態這樣的生活，妳的煩惱就會少很多，也就能夠讓自己的身體健康，不亮起紅燈，當然說起來很簡單，做起來並不容易，是需要內心有力量的勇氣才能改變思維。妳必須加強妳的思維邏輯去判斷，妳才能擺脫一切的恐懼，才能足夠的信任自己，當妳有足夠的自信與能力去善待自己的身體時，那妳的身體就會自動關閉紅燈。搗蛋鬼也就不會跑來與妳相見。

妳應該也常以為自己的身體是不會輕易生病的，妳讓自己經常性的熬夜，生活沒有規律，特別是在妳年輕的時候，妳仗著自己身體有耐力，拼命的工作、拼命的玩，使支撐生命的能量嚴重超負荷，也很少去想自己是否會生病或累倒，只認為睡一覺身體就能緩過來，其實妳長期的負荷工作、不規律的生活習慣，使身體過度疲勞，身體會積勞成疾的。生病了，妳根本就無法去阻擋，病來如山倒，妳忽視了自己的健康，身體的紅燈終於來敲門了，當身體受到懲罰，妳想做的事情已經沒有力氣去完成，妳無法面對工作，妳會著急，開始焦慮，焦慮已起不了任何作用，身體似乎已經不是由妳在指揮，它昏睡了，即使妳有再多宏偉的理想與抱負，妳的身體，因為妳自己不愛護，忽視了它，它已經沒有能力為妳服務了，如果妳想讓自己的身體為妳服務的話，妳就得對自己的身體付出呵護和關愛的時間，當妳疼愛它、愛護它，妳的身體自然就會感受到，並且會回饋給妳每一份的愛護。

身體和心靈是一體兩面，唇齒相依，身體問題本來就無法言語，只會讓妳感覺到、發覺到，它是妳的身體，當心靈內在受到痛苦與傷痛時它會發出聲音，讓身體健康亮起紅燈，它會告訴妳，身體需要得到照料，但是妳常常疏忽了它，感覺不到自己的身體健康出狀況了，妳不了解自己身體的感受，對自己的身體常以模糊

的狀態去對待自己的身體，就好像妳用一個框子把身體框在裡面，限制身體，造成身體健康負荷極限，讓身體無法盡情表達它的存在，妳知道嗎？身體健康需要跟隨著外界事物來互動變化產生與妳相應的身體互動，讓愉快的心情真實流動在妳的身體裡，身體需要動起來，動是身體的靈魂，妳的身體在活動當中會表達釋放與放鬆感，會自動與接觸外界的大自然，這時心靈不再孤單，理解身體是為了更了解自己、治癒自己，可以從身體明白自己的心靈，透過自己的內在與身體就能明白。沒有妳所說的這麼困難，只是妳有時會把多餘不關妳的人事物攔在自己身上讓自己身體痛苦、讓自己心靈迷失方向，妳沒有想到妳的消耗、妳固執生活的模式會讓身體亮起紅燈，妳完全不能理解自己可以成為身體的一部份，讓自己去實實在在的感受身體的健康，身體最真實、身體很重要，覺知身體健康就是覺知妳自己的生命，妳知道世界上最好的奢侈品是什麼嗎？是時間和健康，不浪費時間、不透支健康，請妳好好的愛自己的身體，尊重妳的生命。

創造力是妳身體裡的保障，身體可以創造出無窮的生命力，身體的感知是流動的形、靜止的態，以及身體內的情緒和情感，都會不斷創造身體的變化。內心複雜的問題、多變的感受，會激發妳身體無極限的可能性，

它可以創造得天獨厚、可以重塑身體、重建生命，也可以讓妳寥寥無幾，人這一輩子不要太過苛責對待自己，要好好善待自己，知足常樂，不該屬於妳的，千萬別去貪圖太多，對於錢財名利，懂得看的淡，不過分追逐、不過分強求，金錢不過是浮雲、權勢名利不過是一場夢，身體一旦沒有了，就算妳擁有金山、銀山，妳的身分再尊貴，名利再大、再高，所擁有的一切終究也不屬於妳的，唯有健康的身體才是最貴的，金錢不是萬能，或許妳會再告訴我，錢是萬能，但它無法買到妳的身體健康、寶貴生命。

妳知道嗎？身體從來不會說謊。妳的身體可以有溫暖，只要妳夠理解它、善待它，它會讓妳有舒暢的感覺，妳只需要一心一意的專注對待妳的身體，就好比對待一個人、一件事情、一個認知點，都需要妳拿出認真專注的態度去理解妳自己的身體健康，身體不是一個沒有覺知的低俗機器，它是一個充滿智慧、有感覺和感受的記憶體，理解自己的身體就是一個新視角，妳要珍惜妳自己的身體，相信它會透過大腦思維分析和判斷，讓妳更了解它的存在，讓妳學會理解自己身體來抓住每一次身體傳來的訊號，妳才能解密身體傳送表達出來的訊息，妳就可以明白當下身體健康的狀況，調整好自己的身體，別讓它亮起紅燈，讓身體的密碼永遠開起綠燈。

身體和情緒就像大樹的樹幹和樹枝一樣，是一體的，身體是樹幹，情緒是樹枝，樹幹影響樹枝生長，樹枝決定樹幹的健康，身體和情緒誰也離不開誰，情緒在身體裡產生負面作用時會被身體第一個感受到，會引起心跳加速、呼吸急促、出汗、疼痛等身體反應。或許妳經常有這些身體反應，以為身體出現問題，一遍一遍往醫院跑，做各種檢查，結果身體是沒有問題的，是妳自己不相信自己，一直想依賴著醫生告訴妳身體沒有問題的確認答案，妳想抓住從醫生那裡給的答案，才能可控救命稻草，妳才能安心，妳要是一直不相信自己身體的狀況，不溫柔善待自己身體的話，只想片面聽到醫生的肯定聲音，那這種情況其實會常常捲土重來，妳就會在驚恐與需要得到他人的確認中不斷的循環，讓身體不舒服的真實感覺來打亂妳可控的生活，陷入抓不住、不可控身體的感受裡，最後妳會感到恐懼，身體不舒服的感覺讓妳很難面對，不舒服的情緒同樣也讓妳難以面對，情緒在身體裡產生負面效應的發酵時，常不被妳察覺到，並且妳也不理解情緒的壓力會一直留在妳的身體裡，長期下來會引起妳身體出狀況的，妳要更覺知、覺醒明白自己的身體是生病還是內在情緒勒索的不舒服，妳再來調整自己的疑惑，別讓自己的身體產生問題，影響了身體疾病、病發或是情緒勒索的不安全感。

　　身體是柔弱的、是脆弱的、是私密的，是真實的，需要妳好好的呵護，認真的去對待，溫柔的對待自己的情緒，珍惜對待自己的身體，關注自己心裡的感覺，感受自己現在是開心的，還是不開心的，讓自己身體放鬆和心靈連結在一起，妳可以告訴自己，妳是它的主人，一切妳說了算，妳可以在這個身體裡感受到安全與溫暖，妳很歡迎它與妳在一起，一起來掌控自己身體，讓自己的身體更有力量，一起來珍惜屬於自己的身體，管理好最佳的身體，保持身心的健康。妳是愛它的，妳不僅開始會對自己負責，也會對它負責，它是最棒的，妳最愛的就是它－－「身體」。

　　身體大部份的時間脾氣都很好的，它不離不棄的跟隨著妳，即使失去很多，只要身體還在就有希望，即使一無所有，只要身體還可以隨時快樂起來妳就是富翁。但是，身體也會發脾氣，身體會先給妳一些小刺激、小干擾，試圖引起妳的注意，但是很多時候都會被妳忽略了，長時間，得不到妳溫柔的回應和關注時，身體就會鬧起脾氣，引發生命的疾病或者損傷，妳要是能深入理解就可以找得到潛意識和身體之間合謀的影子，潛意識深不可見，令人難以捕捉，但身體跟潛意識相比，身體實在有很多可讓妳知道，身體有形狀、有感受、有表達、有創造，可以觸摸和改變，每個人都有珍貴的身

體，身體健康是上天給我們最公平的禮物，只要妳能更加用心的對待妳的身體，妳就會發現它是多麼珍貴的禮物。

身體健康的資源，讓妳不需要費盡周折向外尋求時，就已經足夠富有。但妳還是會這樣忽略它，越是自己有的妳越不在意，越習以為常的妳更會貪心向外尋求自己沒有的，認為那才是最好的，直到有一天妳失去了健康，被身體拋棄了妳，妳才知道什麼是最珍貴的，每個人都有身體的資源，但並不是每個人都會使用身體的資源，因為身體的資源需要妳呵護和喚醒，它不是一直住在哪兒，讓妳隨手可得的，想用就能得到的，想要使用身體資源需要遵守身體規則，妳對身體表現友好、愛護、珍惜，身體自然會感受到，身體是有靈魂的，當妳能了解身體健康的重要性時，請多多跟自己的身體談戀愛，多多關注、多多愛護，妳才能碰出身體健康的火花。生命很短暫，或許下一秒就會結束了自己的生命，活在當下，珍惜健康，不讓身體亮起紅燈，妳就有更多的時間與自己自由自在的生活。有的人透過停不下來的努力，不斷證明自己是值得活著，有的人讓自己一事無成被社會徹底拋棄，有的人攻擊自己讓自己生病，卻不知道身體能更堅守自己的崗位，通常妳會認為頭腦高貴，身體低俗，所以常常活在頭腦裡遠離身體，活在頭

腦裡並不是真正的活著，頭腦有欺騙性、選擇性的，記住它想記住的，頭腦會被教育催眠，被認知理論、概念綁架，妳的認知和記憶是頭腦加工出來的，頭腦中的內容，會在沒有任何真實體驗的情況下，被輸入進入操縱妳，控制妳的行為與思維，所以，妳要善於保護自己的身體，學習覺察身體的狀況，身體的察覺是本能，是條件的反射，身體的覺知是有能力之後才會主動選擇，因此身體察覺到的才是最真實的，如果身體察覺到與頭腦想的不一樣的話，妳要選擇相信自己的身體。

　　不管現在妳是處在生病的狀況還是身體健康的狀態，妳都要給自己更多的勇氣、更多的鼓勵，並且可以每天貼心的跟自己的身體談戀愛，送給自己肯定的話語。

　　我是健康，我是勇氣，我是智慧，我是光明，我是喜悅，我是愛，我是實相完全圓滿的存在，我是健康、智慧、光明的存在，謝謝我的身體，讓我經由我的身體及所有的覺知體驗，在這個世界發現肯定的自己。

　　謝謝我的身體，從頭到腳都是造物主的完美，愛的靈現，我知道我的每一個細胞裡都充滿我的意識，每一個細胞都充滿了宇宙給予我的能量以及滿滿的愛意。

謝謝身體每一個細胞裡都有著我的喜悅，每個細胞都是個個精靈活力，現在我決定好好愛我的身體，愛我身上每個細胞。

謝謝我全身每個細胞都是光明燦爛，所有的組織器官都快樂而和諧的運作著。

謝謝我旺盛的新陳代謝系統，使我身體的每一個細胞、每一個DNA都閃閃發光，洋溢著新生的活力，充滿著熱情與喜悅。

謝謝我的雙手，健康有力，可以做很多事，我全身的肌肉都是健康有活力，我全身的筋骨強壯又有力，雙腿、雙腳輕鬆自在。

謝謝我擁有姣好的面容，精緻尊貴的五官，柔軟光滑的皮膚，清澈明亮的眼神，溫暖愉悅的聲音，我心心念念只有善意與祝福，我的血液乾淨通暢，我的腸胃活潑健壯，我釋放所有的負能量，我的肝臟很快樂。

我徹底實行寬恕和感謝，我無條件的去愛和理解，我的心臟也徹底的自由，我是如此欣賞自己的身體，我是如此的滿意肯定我自己的身體，我愛惜並接納我身體的每一個靈體，我的身體健康且靈活，均稱且放鬆，

我知道我是輕鬆的，我知道我的身體是完全放鬆的，我每一個細胞都放鬆的，我知道那些壓力隨著我的意識放鬆，隨著我，自我接納與肯定。

我身體所有的負能量從頂輪、眉心輪、喉輪、心輪、胃輪、生殖輪、海底輪，一點一滴的釋放回歸大地之母，我越來越輕鬆、越來越喜悅，我每一次的吸與吐，每一個細胞都震動，產生著越來越多與光同在的能量。

陽光、喜悅、歡喜，我就是這樣的快樂，我就是這樣的健康，我就是這樣的完美，豐盛富足。

我的身體體驗完我所有的情緒，我的細胞會自動恢復到陽光的狀態裡，現在，我的全身上下每個細胞都被愛緊緊擁抱著，並且陽光燦爛的閃耀著，接近無染、圓滿無暇的光輝。

我謝謝身體所有的器官與組織，每一個細胞都讓我發揮最大的功能，各得其所，互助互愛，共存共榮。

我的宇宙，我的太一無限造物主，我的光、我的愛，謝謝祢們的厚愛與疼惜。

主題 *18*

不做委屈的女人

　　委屈是成功的天敵，委屈是快樂的剋星，委屈是弱者的標籤，委屈是妳人生的毒藥，如果妳想收獲幸福、充實的人生就必須趕走委屈。

　　像老虎如果能追上兔子就能生存，如果追不上，委屈並不能改變什麼。只能餓死，同樣，兔子如果能跑得過老虎，就能生存，如果跑得慢，委屈、抱怨老虎殘暴，沒有任何作用，只能淪為老虎口中的餐點，如果兔子覺得不公平，那兔子所吃的青草又該向誰抱怨委屈？至少兔子還能跑，青草連跑的機會都沒有。對於妳不喜歡、不習慣的東西，如果可以改變，就努力去改變，如果不能改變，就改變自己的態度，欣然接受，人生本就是不公平的，習慣去接受它，允許它吧……

　　只要妳敢於接受挑戰，勇於擔當，就能把困難踩在腳下，成為優秀的人，不要每天只知道委屈自己，浪費時間和精力，妳可以讓自己的內心充滿陽光，充滿希

回家吧！我的靈魂

望，委屈像是一種容易傳染的情緒，如果妳任由委屈蔓延，將會讓妳自己走不出陽光，只能躲在陰暗的角落裡。每個人裝進人生背包裡的都不是純粹的石頭，而是生命歷程中精心尋找來的愛情、事業、家庭、婚姻、友誼，許多令妳幸福快樂的東西，這些東西帶給妳喜悅和甜蜜，也同時，讓妳感覺沉重與負擔，但，就是沉重才能帶給妳甜滋滋的幸福，讓妳感受到生活的豐富、愛情的美好以及生命的充實，所以當妳感到生活負擔沉重壓力時，妳可以轉換思維告訴自己，我很慶幸，我應該感到慶幸，因為沉重的背包裡裝著自己曾經擁有的幸福，也是妳現在已擁有的美好，只是妳沒有用心去看待它，去尋找它的存在，妳總是會覺得現有的美好並不是妳擁有的幸福，不要再一直抱怨認為所有美好的都是別人的，所有美好的人生跟妳沾不了邊，是錯的，妳比任何人更有資格得到妳建立起來的幸福，只是妳沒有用心去看待眼前的一切，一直覺得自己很委屈，妳可以用心去看待內心裡的「不滿」，把「不滿」像石頭一樣，慢慢的一粒一粒扔掉它，不再只看到抱怨、委屈，用心去了解「不滿」從何而來，「不滿」必定是有來源的源頭，妳一定要去尋找源頭從何而來，妳才能脫困，長期鎖住在鐵牢裡的妳，請不要再當囚禁的鳥。

任何人的工作都不會是十全十美的，都會有不盡如人意的地方，或者是工作環境不好，或者是待遇低，

或者是發展空間小，當妳完全不滿意的時候，妳要明智的溝通，不要委屈自己。委屈往往都是妳自己站在自己的角度去看待的，會滿懷敵意的進行指責和埋怨對方。溝通是站在雙方的角度能好好的協商解決問題的辦法。妳說哪種方法會比較好呢？當然是溝通，一個女人要學習不委屈自己，要懂得適應與生活中人事物的溝通，或許妳會覺得很委屈，明明很多事情並不是妳的錯，但是妳就必須去面對人與人之間的生活方式，委屈，不能成就妳任何一件人事物，妳可以用妳聰明的腦袋來與人溝通，終究該屬於妳的人事物並可回饋給妳自己，絕對不能把自己設定在委屈裡，不要以為委屈求全，成全他人，妳就可以得到妳應有的人事物體，不是的，這是錯誤的觀念，只有妳多愛自己，他人才會尊重妳，妳才能過著屬於妳自己的生活，這樣才是明智的。世間上沒有他人的委屈能夠來成全妳，也並不是妳的委屈才可以成全別人，委屈只會帶來給妳更大的痛苦、心痛，只有自己的改變才能夠去面對自己的一切。站出來吧！妳才可以迎接妳的新生活。

　　人生漫漫，誰不會在生命中遇到一兩件不如意的事呢？有時，擺在面前的甚至是一道永遠無法跨過去的坎，或者一場無法避免的災難，妳會在面臨這樣的不幸與困難時感到懊惱，會埋怨命運、會委屈自己，灰心自棄，消極應對，雖然妳委屈，有口難辯，妳還是要說服

自己、相信自己，堅持自己做事的信念，在工作或婚姻眼前不讓自己受委屈，妳不笨的，妳可以不理會別人，別人說別人的，自己有自己的，不要因為別人的嘲諷而委屈放棄自己，妳可以給予這個世界許多的溫暖，但是前提是要能夠保證自己，不因為內心的善良、包容，造成被人利用，被人所害，善良若是給錯了人，是會帶給妳雙倍的打擊，要正確的與人相處，稍微給自己一點高度去看待自己，不為難別人，也不委屈自己。

就算妳說，妳生活像美麗的青花瓷瓶完美無缺，但再完美無瑕的花瓶，也有被不小心打碎的時候，妳可以想辦法去彌補，但實在有時候無法彌補時，就選擇讓時間去決定，妳可以讓自己重新獲得一個新的青花瓷瓶，世上沒有人的生活是不存在一個缺憾的世界，學會原諒他人，不委屈自己，這時候的妳，可能又會反問，有這麼容易打碎青花瓷瓶嗎？

會的，它再如何完美無缺的狀況下，往往會因為太亮麗了、太精緻了，而受傷，心如青花瓷，清脆而美好是最容易受傷的，當青花瓷瓶不小心落到地上，滿地碎片，妳忍心收拾嗎？或許有人會告訴妳碎了就碎了，讓它去吧，但是這個時候妳卻含著眼淚無法控制自己，歇斯底里的說出我沒有辦法去接受，妳又會開始說服自己、委屈自己，腦袋像是被鐵錘敲壞了一樣，妳一開始

不會相信好端端的生活怎麼會變了樣，不相信眼前所見發生的事情，妳還會一直在說服自己、委屈自己，忍痛著把摔碎的青花瓷片從地上一片一片，一點一點，撿起來，黏好，想要恢復原形，但似乎永遠不可能恢復原形的，妳不僅僅在告訴自己沒事的，一切都會好的，結果妳的委屈換來的是又被他拋棄了妳，值得嗎？不值得的，妳要學會先愛自己、不再委屈自己，告訴他，妳比他還要棒，相信自己一切都會好起來的，不再做委屈的女人，身為世間人，妳、我，無法像佛一樣看「空」一切，求得用無煩惱的極樂世界，但如果明白了「空」的道理至少可以放下一些煩惱，學會無為而為，煩惱無法了結就讓它不了了之吧，憂愁如果無法排遣就不遣遣之啊，這，也是人生的一種智慧。

有緣才能當起夫妻，夫妻緣盡了互相就會莫名的沉默，夫妻就像是愛了一陣子也會煩起，這輩子更吵鬧到上輩子，妳又怪、我又怨到下輩子，夫妻之間吵架不是最可怕的，沉默才是最可怕的，當然沉默是妳最大的委屈。假如妳還願意和他吵架、拌嘴說明妳還是愛他，對他還抱著希望，但，一旦妳對他徹底失望後，妳就會變得更沉默、更委屈讓自己感情有裂痕，無奈又無助，自己已不願多說一句話，這時妳會覺得多說都是多餘的，很多事情妳讓自己不願去面對，開始選擇逃避問題，互相來回的拉扯心痛又浪費時間。不論是面對任何自己在

乎的人或事，妳都要學習表達坦坦蕩蕩的展示自己，讓
內心有勇氣和自信去面對任何一種結果。即便是傷心，
猜來猜去也沒意義的，用心去對待妳在意的任何關係，
只要真誠，一定要勇敢表達去溝通解決矛盾，不要冷
戰，不要放在心裡，學會擲直球，大大方方的去表達，
從容的去接受任何結果，人生太短了，不要浪費美好的
時光，每一段感情只有兩個人互相把委屈說出來，互相
理解、安慰，才能走得更遠。

　　寂寞，猶如一株奇特的甘草，一開始品嚐它的滋
味也許是苦的，但漸漸的，妳會發現這個苦中卻藏著一
點絲甜，這個甜是那麼的寧靜、那麼的芬芳，直抵到妳
的內心、浸染妳的靈魂。走自己喜歡的路，一輩子才會
無怨無悔，把世俗名利和成敗得失放一邊，從現在起做
妳自己，去走妳想要走的路、做自己想要做的事，學會
從容、學會堅持，學會不再委屈自己，幸福自然就會來
敲門。

從出生到成熟的女人，妳的過程、妳經歷了多少歲月，扮演多少角色？女兒、妻子、母親，一個女人被賦予了多少使命，除此之外還要在社會裡勾心鬥角激烈的競爭，妳已讓歲月隨著時光悄悄流逝了，隨著年齡漸漸的增長，妳或許已忘記了自己的年齡，當有一天妳站在鏡子前才發現自己多了許多細紋，不知它何時爬上了眼角成了魚尾紋，身材不再像從前那樣的曼妙多姿，肌膚越來越鬆懈，這時妳黯淡的心情也會跟隨著低落，會情不自禁的感慨歲月無情，日復一日的忙碌和操勞已經使自己的心變得麻木，曾經妳的激情和夢想，在哪裡呢？還可以找回來嗎？

從這一刻起開始當個聰明的女人，以自己為中心，讓自己成為最好的自己，妳不一定非要當什麼「家」也不一定非要出什麼「名」，更不要與別人比高低、比大小，就像人的手指有大有小，有長有短，它們各有各

的用場、各有各的優點，妳能說大拇指比食指好嗎？妳能說小拇指會比大拇指差嗎？只有妳自己可以決定最好的，不管是物質或財富多少，不管是妳身分的貴賤，關鍵是看妳是否能活得出人生精彩和快樂，聰明的妳該懂得及時止損，什麼時候該放棄一段讓妳困擾的感情？當妳覺得自己變得更不好的時候，而在感情當中一直覺得迷惘、壓抑、痛苦，在相處過程中互相變得更糟的狀況下，那就是一個很重要的訊息在告訴著妳。很多事情不是非得要知道，誰在利用妳、佔妳便宜、虛偽的對待妳，妳的內心很清楚的，妳可以不拆穿對方，可以選擇，裝傻看破不說破，現在，社會社交平台的關係，有很多共同性，雖然可以互相吸引，但妳要明白有多少人會覺得人與人之間需要「通透」來保持長久舒適的關係呢？完全沒有，完全只靠共同性和吸引才能在一個互相利益環境下生存，很多人會選擇壓迫、捆綁，奉承和一味地付出，聰明的妳可以選擇不要同流合污，堅定的知道自己的重要性和價值觀即可。

常有人說女人只要嫁人就會被家庭整合，對自己的魅力也就會慢慢消失了，是誰把妳變成如此瑣碎而平庸呢？是誰把妳想要飛翔的翅膀剪斷了呢？其實很多時候，妳都會怪罪妳的另一半、妳的家人，其實不是的，是妳自己。聰明的女人都懂，幸福並不是無跡可循，

幸福是一顆種子，可以掌握在自己的手中，妳想怎樣播種、想怎樣耕耘、想怎樣維護、想怎樣收獲，全在妳自己，想要過得越來越好一定要變得聰明和現實，妳必須意識到比起滿足他人的期待，更要為自己而活，當妳意識到一段感情或婚姻無法繼續時，就要想辦法面對現實的生活圈去接受與改變。在生活當中遇到不值得信任的人，不再相信他人給妳畫的大餅，當妳更肯定自己時，說明妳已經知道自己的位置與價值，同時妳也會越來越理性、務實，妳可以跳脫壓抑許久的生活狀態，選擇跳脫傳統、過去的觀念是為了讓自己更好，去爭取、去尋找自己的時間與空間才能擁有不可預期的機會，聰明的妳切記，當妳轉變所有的思維、行動起來之後，更要堅持著讓自己比過去過的更美好，妳不一定要當別人的救世主，但是妳一定要做自己的守護神。

人生之路不可能永遠一帆風順，不如意的事十有八九，朋友之間、同事之間、親人之間，乃至夫妻之間都會有不可避免的產生，這樣或那樣的不愉快和矛盾，這些不愉快和矛盾累積在一起便會形成一座大山壓得妳喘不過氣來，聰明的妳要懂得，學會遺忘，那妳才能快樂，學會灑脫一點，把自己的頭腦裝置一個過濾器，該保留的就留下來，不該保留、堅持的就拋棄丟掉，有些

人常會給妳帶來一些負面影響、負面情緒，妳便能毫不留情的過濾清除或移除扔掉。生活中還有許多幸福可以讓妳去感受，也有很多情感需要妳去珍惜，當然也會有很多不如意的人事物，需要妳常去過濾它、移除掉它，這樣子妳才能真正感受到幸福，也才能更加珍惜自己，擁有最美的生活。日子越簡約、越簡單，越普通到像煙火，只要妳過得舒心，讓自己每一個平凡的日子裡都能溢滿歡喜，生活中無需那麼複雜擁擠的，柴米油鹽醬醋茶雖然是非常現實的，但妳只要讓自己一半煙火，一半詩意盎然，手持半煙火以謀生，心懷詩意以謀愛，慢慢去品嚐人間煙火，閒觀萬事歲月長。人生，過的是心情與生活的態度。

聰明的女人懂得放棄，每個人的一生中都難免有缺憾和不如意，也許妳無力改變所有的事實，但是妳可以改變看待人事物的態度，現在的社會是物慾橫流、自由寬容的時代，妳想要過得快樂幸福，眼睛就必須容得下妳不喜歡的東西，心裡放得下妳不喜歡的人事物，遇到不公平的待遇或者困境的時候，不要只片面看待一些不利的因素，而是要正視它們、不迴避它們，同時妳也不要常去想著別人收獲多少，而是要反思自己可以努力多少才可以收獲該屬於自己的，腳踏實地的做自己該

做的事情，這樣才是聰明的女人，不要為了那些看不起眼的感情來要死要活的。我見過很會賺錢的女人被騙光錢財，也見過美麗聰慧的女人折在渣男之手，更見過任勞任怨的女人把自己變成黃臉婆後被拋棄，我最欣賞的是，遇上深愛就熱情的付出，遭遇背叛便毅然離開，潔身自好、按捺得住寂寞、寧缺勿濫的女人。聰明的妳，當真愛降臨時，妳可以熱情的去擁抱，但不一定要把自己消耗在一個妳不確定的愛情裡，力量不是給愚昧的自己，力量是稾已給聰明的自己。

對於一個女人來說，聰明是一種智慧，懂得聰明的女人是生活的智者，因為目光遠大、心胸開闊、善明事理、勇於開闊，聰明的女人不會計較任何雞毛蒜皮的小事，不會為蠅頭小利煩惱，當妳聰明，妳就會有一種非凡的氣度，寬廣的胸懷，妳可以對任何人、任何事包容與接納，有時妳一個微笑、一個幽默的話語，就可以療癒人心。人與人之間相處要多一點友誼的情分，少一些功利性，尊重別人的想法，同時正視自己與人相處之道，聰明的妳絕對懂得珍惜自己的身體，聰明就是一劑良藥，把「良藥」放在克服敏感和猜疑，那妳絕對不會讓敏感和猜疑影響到妳的情緒，敏感和猜疑它只會讓妳自尋煩惱，找到平靜才是妳內心強大的力量，平靜可以

退出他人的熱鬧，回歸到自己的世界，讓生活做減法，
讓精神多點加法，越平靜就越能讓自己專注在喜歡的事
情上，在自己的世界裡做一個不聲張、不炫耀、不迎合
任何人，做一個有溫度有睿智的女人，不相為謀時妳依
舊心平氣和，冷眼相待時妳照樣可以風生水起。

　　很多女孩子一旦嫁做人妻就會掏空心思去愛那個自
己很愛的男人，全然不考慮那個男人是不是也會全心愛
著她，自己就會一味著付出愛，不求回報，當然這也是
一種美好，可是妳不是他，妳無法去要求他跟妳一樣給
平等的愛，婚姻就像是一座圍城，住在城裡的人都會想
逃出城外，有可能妳喜歡住在城堡裡不願離開這也是妳
的選擇，常有人說婚姻是愛情的墳墓，有多少年輕的愛
情幸福都葬送給了婚姻，或許妳無法明白，愛情這麼美
好，婚姻為什麼這麼艱苦，妳認為婚姻只會帶給妳捆綁
和束縛，不是的！是因為妳不懂如何經營婚姻，妳只一
味要妳愛的男人服從妳，妳才會讓自己的婚姻搞得這麼
不堪，其實婚姻也可以美好的，真正的婚姻是可以帶給
妳愛和責任，婚姻是必須兩人互相經營的，不是一味的
累倒自己，所謂的愛和婚姻不一定要讓自己迷失，可以
給自己一點時間與空間去看自己想看的書，做自己想做

的事，給自己一點錢買自己想買的衣服和自己想喝的咖啡，做自己想做的美容，給自己的心靈多一點空間來裝一個真實、敏感、脆弱的自己，裡面除了自己什麼人也不要有，給自己一個機會與自己的心靈來談談戀愛，一定要活出自己的精彩，妳才能懂得婚姻的高價值觀。聰明的妳不要把自己搞丟了，妳還不知曉，到頭來，別人丟掉了妳，妳還傻傻的等待著。

多愁善感的女人，使得妳比他人更容易陷入孤獨，感知孤獨，我說孤獨的滋味的確很苦，像一杯不放糖的咖啡，的確，當孤獨強大的來襲時，沒有人可以分擔妳的煩惱，妳的安慰乃是需要靠自己去撫平，靠時間去沖淡，但妳要是夠聰明就不該讓孤獨架在妳的身上，妳要學會獨處，學會品味獨處，獨處是一種體驗也是一種自由，獨處它不是無聊、不是寂寞更不是空虛，而是一個可以安靜梳理思緒的地方，喜歡獨處的人，才有時間專心的思考，在靜思時才有機會深入感悟，妳才能擁有深刻的靈魂。不管妳現在的處境有多麼孤獨，只要妳懂得獨處的精神，就可以卓越超群，不需要接受任何人的認同，更不需要任何人的憐憫，妳可以在很平靜的環境裡獨處，不要再沉浸在情緒的深淵裡反覆掙扎，跨越那摻染著太多的期待與失望，把一切歸於過往，別再多愁善

感，多愁善感只會讓妳無法證明自己的優秀，妳可以讓自己更勇敢坦然的去選擇放過，什麼都不重要的，讓聰明的妳，更能卓越成就自己的夢想。

　　不要做痴情人，奈何痴情的腳步，妳總是會追不上變心的翅膀，妳雖然盡心的對待對方，對方非但不回頭反而做出令妳痛不欲生的事情時，妳會為愛輕生，失去一個自認為沒有辦法獨自面對以後的人生，另一方面妳內心的憤怒和痛苦，找不到出路的情況下，最後妳會選擇結束生命，作為解脫。然而事實上是因為妳自私認為失去所愛而有自殺的想法，是吧！其實妳並不是真的想要死，妳只想讓對方產生罪惡感或一輩子活在不安的當中，妳明知道不能愛卻偏偏深愛，妳明知該放下卻又捨不得，妳就是明知不可為而為之，妳偏偏會自我催眠，自己喜歡他，他就必須喜歡妳，妳認為他可以給妳別人給不了的感覺，誰也代替不了他，妳認為他的一言一語是多麼的重要，這一切都是妳在自我催眠，這種行為只會讓他遠離妳，愛一個人不是這樣激烈的做法，愛是平等的，必須要給互相的空間，絕對不要讓自己成為可怕的痴情人。其實妳大可不必如此偏激，聰明的妳要學會放棄才是一個明智的做法，聰明的女人要保留自己的尊嚴，微笑著接受現實，並可轉身離開煩人的人事物地，

這才是對自己負責的行為也是對他的懲罰，妳不可以把自己陷入泥沼裡，讓自己不可自拔，妳要把失戀當作生命必須經歷的過程，必須學習遺忘，像個成熟的大人，繼續過著妳亮麗的生活，這才是一個聰明女人的選擇。

一個聰明的女人，成熟是妳的標誌，做人不虛偽，生活不複雜，辦事不拖泥，與自己無關的事情不好奇問，不鑽牛角尖，懂得把自己的嘴巴關緊。讓自己在風雨裡還可以單手打方向盤，偶爾也可以坐在副駕駛位置上吃一顆蜜糖，前者妳是一個懂得掌控自己生活的女人，後者是妳懂得如何被愛，兩者並用才是聰明女人的生活，才有資格被愛。

主題 *20*
珍惜時間

　　你知道最好的朋友是誰嗎？不管你如何責罵它、討厭它，它都會每天陪伴著你，對你不離不棄，它會給你最好的治癒良藥，也有可能給你當下最難過的時刻，但它從來都沒有想過要離開你，你再如何想把它推開，它也會永遠默默的陪伴著你，你知道它是誰嗎？它就是「時間」，是你最知心的朋友，這時候的你該好好珍惜它了，請別再辜負它賦予給你的一切。

　　每個人在人生道路上都會遇到困境，「困境」會在你的人生時間上成名，想想你年輕的時候，當時如果可以把每一次的困境都當作冰箱裡的過期食物扔掉就好了，想想，是不是已經來不及了。「時間」是無法倒頭來的，過去的困境就像人生路途中不可丟棄的行李，裡面裝滿著自己需要的東西，你必須帶著它們一起上路才能支撐著自己人生的夢想，夢想有時候並不是自己想像的，是要去克服、去接受、去挑戰的，最後得到的果實才是有意義的，而這些都是你的朋友「時間」賦予你的。

「時間」，曾經讓你為了尋找夢想走過許多彎路，但它也賦予你許多生命的意義，當時你走的彎路，一定需要用其它的犧牲來彌補過去的彎路，或許那一剎那，是你人生最坎坷、最不願意去回想的，但是只要你認真的去想一想那些彎路是不是造就了現在成功的你，也或許，你還會告訴時間為何給你的考驗都比他人還要來辛苦、坎坷、無奈，更要去接受不公平的待遇，但當時你要是沒經歷過彎路的話，你就不會如此堅定自己的意志，明白哪一條才是踏實之路，它的指引也讓你自己判斷該如何怎麼走才是最安心的，你的朋友「時間」從來也都沒有替你選擇任何的方向，所有的一切都是你自己選擇的，但沒關係的，好的人事物你可以先把它珍藏起來，其餘的從這一刻開始只要好好的面對，好好的去克服、去接受，你的朋友「時間」會再賜予你更多的禮物。

「時間」，有時候也會挑釁你，會把你的一顆心懸掛在空中又大大跌落到紮實路上，讓你進退兩難，讓你產生迷茫、頓悟、幻想自己是否會被選中，得到意外的果實，其實那都是幻想和不務實的事件在誘惑你，會影響你命運的選擇，讓你迴繞著許多艱辛、坎坷的路程，你總覺得時間對你非常的不公平，時間為何要如此的對待你，你有想過嗎？無功不受祿，天底下沒有白吃的午餐，時間與命運也從未許諾過你什麼，是你心中的貪

嗔癡干擾了你，你不得不平心靜氣的去接受自己命運所分配到手裡的牌，你想要打好一副好牌，只好一副換過一副人生經歷之牌，你必須通過宇宙賦予給你的考驗，世界上只有時間是最公平的，「時間」一直都是你的好朋友，當你落難時它會陪伴著你，它從來都不會想要拋棄你，「時間」它只會告訴你不經一事不長一智不懂人事，「時間」是最好的過濾器，歲月是最真的過濾網，世界上最好的放過就是放過自己，別再與往事過不去，過去和現實最忠實的朋友也是「時間」，「時間」是被動的，只要你主動去愛它、去善待它、去運用它，「時間」絕對不會虧待你。

「時間」，最終會把你經過所有的路程，像擦拭夏天滲出的細汗一般拭去，留下的不過是一個你可以當作人生回憶的故事，你過去的榮耀與失敗不會一直在身旁圍繞著你，聲名皆如潮水，潮退之後會露出你原本的樣子，「時間」也會讓你所有過去的頹廢和油膩膩的調色盤回歸到原點，你也不要氣餒，要永遠向前看，「時間」會在某個地點、某個時空等待著你，為你做不為人知的推動，推動著你去完成自己的夢想，當你再不輕意路過任何坎坷的地方時，它就會慢慢請你繞過、離開，它只想讓你看清楚它從何而來，你又是如何可以在一個漆黑的雨夜裡一頭撞擊通往另一個人的窄道，從此與以前的你分道揚鑣，和現在的你握手言和，對未來的你永

遠無所畏懼的相信，相信，不是那種嘴上喊著相信，而是你心裡已篤定的相信，自己可以一遍又一遍闖入人生道路的樹林，你可以屢屢的去發現時代和都市合謀操控你過往的貪嗔癡，為何漆黑一團找不到方向，這時你更能體會選擇毅力、堅持、讓力量扳回過去時間的犧牲，讓自己再重新出發。

世上哪有一條是唯一的、正確的、最合適的路呢？只不過時間是公平的。你有你的，我有我的方向，最大的不幸就是你，總是想著別人的路，總是在可惜了，不值得的，這樣的功利，反問著自己，讓自己迷路，而也是你最大的幸運，只不過你要繞了比別人遠，兜兜轉轉之後才會走回自己的路，人生是一個太漫長的過程，需要持續的發酵，你才可以回憶起自己曾經每一次的崛起與墮落，無一例外都是在考驗你，每一場的災難之後，你都會蛻變成一個嶄新的自己，體會到每一次的決定，每一個階段做的事情，不是年齡而是際遇和心態，因為人生無論在哪個階段都可以雄心壯志，發揮出全部的動力，不要再去在意那些危闌倚遍，「時間」會等著你的。

「時間」，帶不走你的生活跟自己相處的能力，「時間」是延續與見證每一人的生命，該來的是總會來，「時間」對於你我而言都很奇妙，明明好像很漫

長，卻又很匆忙的流失，在你來不及記錄過往時，「時間」它會讓你一直很恍惚，流光易逝。到底是因為「時間」過得快，還是把自己發生的事情都給忘記了，其實不是時間過得快，而是你逐漸忘記了生活的細枝末節，不刻意去回憶，甚至選擇麻木，不讓自己想起那些不開心的或那些悲傷的故事，連有趣的人、有趣的事，和徬徨過去的年少，你都會讓自己選擇遺忘，感覺好像什麼都沒發生。只有靈魂體會留下痕跡，刻板在你的記憶本裡，你的烙印如同文字，留在當時生活記憶裡，就像你讀過一本書一樣，它的文字，是你當時留下的痕跡，當你再次翻閱曾經，就能想起那些點點滴滴的文字與時間，本延續與見證的歷史，唯有它沒有忘記你的一切，以及當初你的樣子，時間還是老樣子，你卻失去了當初的模樣，老想著，小時候覺得時間像是老蝸牛，長大後覺得時間是你掌中沙，文字與時間是多麼暖人心。

　　過去的「時間」也綁住了我，我曾經羨慕過那些能夠站在台上侃侃而談的人，我羨慕他們那麼勇敢，那麼的厲害，那麼我呢？我是怎樣的一個人呢？我的前半生的時間經歷，只知道與金錢搏鬥，也常把自己關閉起來不與任何人交流，我不太會說話，只會看著客戶的眼神，順著對話討好客戶而已，我內在有一股很糟糕的想法，別跟財神爺過意不去，只要記得讓財神爺從她的口袋裡掏出錢財給我就好，至於在這個社會上要用真心

與人打交道的時候我會顯得膽怯，我常常給自己下指令絕對沒有真心的朋友，那些都是我的客戶，那些只是我的財神爺，只要關照好財神爺就好，這種想法似乎在這個社會上是非常現實的、非常不可取的，過去的我不明白，現在的我明白這一點，現在的我，想找回過去遺失的自己，不再做個虛偽的人，要找回曾經過去留白的時間和真正有靈魂的，真我。

　　記得，我第一次想找回自己的靈魂拼圖時，我上了台北，幾十年沒有到台北去，我會緊張、我會害怕，實際上我到了釩學院之後，我的心非常的緊繃，只要老師講一句話我就會豎起神經，害怕，我會擔心被罵，我想要表現得很好，想把自己要求的更完美，事實上是不對的，因為我還沒有找回初衷的自己，如何能成為更完美呢？雖然過去在事業上是佼佼者，但在我的靈魂版圖裡，我是一個無知的小孩，我懊惱、我偷偷的哭泣，為什麼，我把過去的自己活得這麼的糟糕，「叔津」不見了。我想「時間」會等我的，會讓我一一的去突破、克服困難，卻在學習當中屢屢看見不足的自己，更顯得自己的愚笨、愚蠢，過去的防備之心一直無法卸下，以為老師的嚴格是針對著我、挑剔我，實際上不是的，老師從來沒有責罵過我，她是以溫柔嚴父的方式教導我，如何去應用技巧、技術，正向觀念，先幫助自己、認識

回家吧！我的靈魂

自己。剛開始我在和不熟悉的同學相處時顯得侷促，因為當時我還沒有真正接受、認識自己，當然說起話來會顯得偽裝，記得老師在課堂上說：「只要認真去認識自己，找到真我」之後，任何事情、任何話語，都不需要去掩飾，也不需要去刻意，就可以自在的享受與人溝通，輕鬆自在駕馭自己的風格，那才是屬於自己。

　　「時間」，讓我想起當時尷尬的事，那一瞬間的故事，我羨慕那些在社會上直來直往的人，因為他們從來不在乎世俗的眼光，他們能和陌生的人對話就像老朋友一樣，為何可以這麼的有自信，我呢？我的自信跑去哪兒呢？我沒自信嗎？不算。我也能夠正常和陌生人打交道，只不過，過去顯得虛偽。我說我很驕傲嗎？沒有的，但是，在我內心裡還是會戴著高度數眼鏡和陌生人交談，過去的時間一直生活在適應環境之中，我的靈魂被限制在條條框框裡，我害怕異樣的眼光，我害怕鄙視的眼光，更害怕被比較的眼光，我太在乎別人對我的看法，至於生活，讓我就像一潭死水，這就是過去的我，非常拿翹又虛偽。

　　後來我突破了一切，敞開心房，當然這些也是時間給我的機會，現在有這麼好的時間可以讓我來做我想做的事情，我認為不能再浪費我的朋友－－「時間」。

在這一刻的「時間」裡，我找到了自己的靈魂，《回家吧！我的靈魂》，現在，在身心靈這塊版圖裡，我已知道要如何運用豐盛的自己，也接觸了許多朋友和陌生人，並不可怕，雖然社會上還是有很多爭議，灰色地帶還有許多不能為之的秘密。但我已把烙印在我身上的主觀意識、刻痕觀點從此清除掉，不再給自己隨意下指令之後，我才知道原來我的思想、我的靈魂是這麼的自由，過去遺失在時間裡的我，在這一刻我才明白，時間是多麼的愛我、疼惜我，祂一直以來都在身旁守候著我自由的靈魂，謝謝「時間」祢願意陪著我一起尋夢、圓夢。

叔津老師帶領你的
成長之旅

心念與思維的轉變&
如何讓自己快樂起來

生命本身就是一種存在，它唯一的特性就是時間性，生命的時間序列有一種循環的意義，看起來它是直線漸進式的，實際上它是弧形回旋式的輪迴。

當我面對來訪者，在溝通下我會以「當下關係」的特徵，讓自己靈動的發展出千變萬化的策略來看待每位個案，尊重她的需求與溝通來協調輔導，我以一個身心靈工作者來引導給她人帶來一種自信，不用再依靠他人，不再依靠環境，不再依靠外來物資，也能獲得自在之樂，讓自己全然接納、對外部世界全然接納。

不要再用固執、執著的理性去理解，要以善意的、自在的方式完成自我的生命昇華並獲得豁達的生命觀與生活觀。

　　期待自己用一種多元文化視角來解讀生活中的麻煩，能讓更多人與自己、人與人、人與親情、人與社會、人與自然間減少矛盾衝突，因為當我們認為它是個問題時，問題才會存在，當在意太多人事物時才會被深深的影響著內在情緒。很多問題都是被我們當成有問題在觀察，以觀察的方式才會創造出問題點來，好的觀察方式可改變現狀或許就不再是問題點，甚至可讓麻煩成為生活中的滋養也不一定。

　　當生命觸碰到快結束的時候，每個人都有不曾後悔做過什麼，也或許會後悔自己有什麼該做的卻沒有做的。在任何生活中的經歷都是生命的構成，沒有多餘的，也沒有不恰當的生命價值，正是人在生命歷程中集結的全部體驗，體驗過就可以輕鬆自在的生活。堅信，人與人之間的矛盾，大多來自於我們沒有意識到個體本閱歷與他人閱歷之間存在著情感的差異，生活法則並不存在所謂的同一性或通約性。

　　生活就像是修行，會經過一番的歷練洗禮與頓悟之後，才知道生命是以自在的形式存在於當下。以沒有明天、只有今天的方式生活著，就不再有任何價值的判斷，沒有什麼是好的、沒有什麼是壞的，就像土壤內含

著物質，對於樹木來說，只有需要的與不那麼需要的，即便樹木不再需要任何成分，它也會堅持自己的根基穩固來鞏固、支撐著自己的步伐，抵禦著風寒雨露、地動山搖的侵蝕。學會善待自己的身體，身體是自我的一種重要部分，當你不喜歡自己的身體或者不珍惜自己身體的人，心理層面分析就是不接納自己、不喜歡自己。如果不善待自己的軀體，對軀殼來說存著不滿，將會是心靈最痛苦的一件課題。有時候我們會感覺很困惑，彷彿失去了快樂的能力，其實最簡單的解決方法就是先讓自己的軀體高興，當你善待自己的身體之後，身體自然而然會舒服、會漸漸讓你的心靈變得溫暖平靜。

以另一個角度來講，嫉妒、焦慮、不滿都是人類正常的情緒，不過在這些情緒存在的同時，我們也擁有更多的正面情緒，如欣賞、滿足、愉悅等，人的情緒原本就是一種混亂的現象，同時也會生成彼此之間的影響力，也會制約、平衡，關鍵的是理解在於自己的情緒勒索中所選擇的言語，言語就像是一個杯子，情緒是水，你用什麼杯子去盛水，情緒看起來就是什麼樣子，人每一天都必須自我更新，納入新的感受，替代舊的情懷，如果只用已知的自我去解釋當下的或者未來的自己，那麼即便自己長成了一顆耀眼的大樹，你自我的感覺卻還是一顆稚嫩的樹苗。

　　我們常常也被過去的那些細細的鐵鏈困擾著，以為自己不管怎樣都掙脫不了，其實限制我們的正好是自己已知的經驗，要學習在未知境界中去遇見自己的內在角色，所有的情緒勒索都是一個成長歷程中必須學會面對克服生命中的本事。一個人，如果想真正獲得快樂，那就需要先感激身邊的一切，不僅感激那些幫助你的人，還要感激那些曾經為難過你的人，曾經讓你痛苦的人，因為他們讓你經歷過所有一切的難關，你被考驗之後，才有現在的你，所有的智慧和快樂誰也拿不走。

　　人生這條道路上沒有專家，只要樂於接受生活的變化，所有經歷都是在完成自己的人生拼圖。

經歷的意義在於引導自己
而非定義自己

　　人生就是一個不斷迷茫又開悟又迷茫又開悟的過程，在不同階段都會有不同的感悟和不同的認知，而我的感悟和人生的指引都隱藏在過往的經歷裡面。一個經歷過黑暗的人，才更了解自己想要怎麼樣的光，甚至成為怎麼樣的光。

　　在生活中自己的信條和外界的環境摩擦會讓自己產生疑問、矛盾、自我懷疑、內耗。內耗這種自我掙扎也是成長必要經過的條件，再透過許多反覆琢磨，也是為了之後頓悟、開悟做為鋪墊，我就是這樣子慢慢的成長，我相信做為人類的我們，每個人都會因為經過摩擦而得到好結果。

　　你的經歷並不能把你定義為怎麼樣的人，這個世界上沒有人有資格定義你，只有你自己才可以定義你自

己。我們的經歷都是我們的人生劇本，既然是人生劇
本，會發生在我們身上的，就都是應該會發生的，我們
接受、允許它的發生，並且去參悟經歷，去思考，悟透
了就是自己經驗，在身、心、靈這塊版圖願我們能一起
來成長。

做人處事的方法論，就是為未來之路做鋪墊。

後記：貼心話語

❤ 感謝我的媽媽

媽媽，在我心裡，妳永遠是一位英雄，是善良、有智慧的媽媽。

感恩妳賦予我生命，妳總是為我撐起一片晴空，我知道妳不是超人，但妳卻能一直成為我的萬能媽媽。謝謝妳一直支持著我，給我力量。

媽媽，妳對我的愛永遠像一個圓，沒有起點也沒有終點，妳一直無怨無悔的陪伴著我、鼓勵我。每當我在海洋裡遇到波濤洶湧迷失時，妳總是給我自信讓我還能自己掌舵啟航。謝謝妳給我堅固的港灣。

妳的愛，妳的恩情重於天。女兒我，對妳的愛不是三言兩語可以訴說清楚的，現在我可以大聲對妳說，媽媽請妳放心，妳的女兒很棒的。

媽媽我愛妳，感謝有妳在，感恩妳。

❤ 感謝云釩老師

人的一生有三萬多天，生命本身就是小概率，我前半段的人生只有保衛家人的生活，不懂得尋找

自己，卻在人生後半段的荒野裡，空間無限排列中與老師妳相遇，宇宙萬物的引導讓我成為妳的學生，太感謝宇宙的安排，自從與老師妳相遇之後，我才明白，我在另一個世界領域裡就像是一個燉鍋、像一個剛出生無知的小孩，妳讓我明白什麼才是屬於自己，我該如何重新更新自己的未來，老師太感謝妳了。

太感謝云釩老師妳，讓我在後半段的人生還能遇見妳，妳不嫌棄我的愚蠢、不嫌我的愚笨，妳耐心的傳授妳的技巧與技能，以正向人生的生命觀教授給我，妳的傾囊相授，就像是一個無止境的寶藏讓我愛不釋手，因為妳，我才明白我曾經失去的拼圖該如何一片一片的慢慢拼圖回來。

云釩老師，感恩妳，謝謝妳。

❤ 感謝與我相遇的人

感恩你們一路默默的支持我、陪伴著我、看著我，經歷我曾經該經歷的和不該經歷的過程，感恩你們忍受了你們不該忍受的我，真的謝謝你們一直陪伴著我、看著我自己絆倒再自己爬起來的過程，因為有你們的力量才能讓我成為現在的我。

謝謝你們。

❤ 感謝商鼎團隊

很幸運在我人生中每個階段、每個時光裡都能遇到許多不同可愛善良的人，能在這個階段與商鼎你們相遇與結緣。

我特別想感謝商鼎出版社的所有團隊，有你們的協助與支援，更感謝陳資穎編輯小姐能在文章裡幫我糾正文字上的缺點，整個打磨過程有許多缺點和不足，還好有她的建議，幫我編輯、美編《回家吧！我的靈魂》這一書，有她的支持與幫助讓我在這本書裡得到更多的指南，讓一本還沒有方向的作品能清晰與明瞭。

雖然一篇文字不足以表達對你們的感謝，但真的感恩美好與你們相見。

❤ 感謝我自己

學會了，去追隨自己內在的聲音。水的澄清，並非它不含染質，而是我正在沉澱和明白心的通透。不是因為我沒有雜念，而是我已明白自己該如何取捨，我已懂得經營自己，不再偽裝，更不再掩飾，而是要不斷去修正自身的缺陷，調整自己的不足，去充分發揮自身的長處和優點，懂得去審視自

回家吧！我的靈魂

己、探索自己、覺知自己，發掘自己能有更大的潛能。

　　謝謝我的勇氣和自信，祢讓我堅定的認知到自己是獨一無二的個體，還有許多閃光點和長處，它們正等著我去探索與發掘。

　　感謝我自己，學習生活中不斷的取捨，不斷超越的過程，學會接受生命裡的每一天，無論好與壞，悲與喜，我坦然面對世界的萬千變化，讓自己在後半段的歲月裡變得更溫柔而強大。

　　我一生最重要的功課就是先學會接納自己，感謝我自己的蛻變，我將把後半生輩子的一切還給我自己。

叔津Jeam

國家圖書館出版品預行編目 (CIP) 資料

回家吧！我的靈魂 / 吳叔津作 . -- 第一版 . --
新北市：商鼎數位出版有限公司 , 2023.11
　　面；　　公分
ISBN 978-986-144-249-5(平裝)

1.CST: 靈修

192.1　　　　　　　　　112017587

回家吧！我的靈魂

作　　　者　吳叔津

發 行 人　王秋鴻
出 版 者　商鼎數位出版有限公司
　　　　　地址：235 新北市中和區中山路三段 136 巷 10 弄 17 號
　　　　　電話：(02)2228-9070　傳真：(02)2228-9076
　　　　　網路客服信箱：scbkservice@gmail.com

編 輯 經 理　甯開遠
執 行 編 輯　陳資穎
獨立出版總監　黃麗珍
編 排 設 計　蕭韻秀

商鼎官網

來出書吧！

2023 年 11 月 20 日出版　第一版／第一刷